知识让世界更简单！

湛庐文化
Cheers Publishing

INNOVATION TOURNAMENTS

CREATING AND SELECTING EXCEPTIONAL OPPORTUNITIES

下一个大机遇

如何创造和选择最佳机遇

[美] 克里斯蒂安·特维施（Christian Terwiesch）
卡尔·尤里奇（Karl T. Ulrich）◎著

伍慧琼　许岚◎译

中国人民大学出版社
·北京·

一切为了您的阅读价值

常常阅读我们图书的读者一定都记忆犹新，2008年以前出版的图书中，都放置了一篇题为“一切为了您的阅读体验”的文章，文中所谈，如今都得到了读者的广泛认同，也得到了出版业内同行的追随。

在我们2008年以后的新书以及重印书中，读者会看到这篇“一切为了您的阅读价值”；而对于我们图书的新读者，我们特别在整本书的最后几页，放置了“一切为了您的阅读体验”的精编版。今后，我们将在每年推出崭新的针对读者阅读生活的不同设计和思考。

★ 您知道自己为阅读付出的最大成本是什么吗?

★ 您是否常常在阅读过一本书籍后，才发现不是自己要看的那一本?

★ 您是否常常发现书架上很多书籍都是一时冲动买下，直到现在一字未读?

★ 您是否常常感慨书籍的价格太贵，两百多页的书，值三十多元钱吗?

阅读的最大成本

读者在选购图书的时候，往往把成本支出的焦点放在书价上，其实不然。**时间才是读者付出的最大阅读成本**。

阅读的时间成本=选择图书所花费的时间+阅读图书所花费的时间+误读图书所浪费的时间

选择合适的图书类别

目前市场上的**图书来源**可以分为**两大类，五小类：**

1. 引进图书：引进图书来源于国外的出版公司，多为从其他语种翻译成中文而出版，反映国际发展现状，但与中国的实际结合较弱，这其中包括三小类：

a）教科书：这类书理论性较强，体系完整，但多为学科的基础知识，适合初入门的、需要系统了解一门学问的读者。

b）专业书：这类书理论性、专业性均较强，需要读者拥有比较深厚的专业背景，阅读的目的是加深对一门学问的理解和认识。

c）大众书：这类书理论性、专业性均不强，但普及性较强，贴近现实，实用可操作，适合一门学问的普通爱好者或实际操作者。

2. 本土图书：本土图书来源于中国的作者，反映中国的发展现状，与中国的实际结合较强，但国际视野和领先性与引进版相比较弱，这其中包括两小类，可通过封面的作者署名来辨别：

a）"著"作：这类图书大多为作者亲笔写就，请读者认真阅读"作者简介"，并上网查询、验证其真实程度，一旦发现优秀的适合自己的作者，可以在今后的阅读生活中，多加留意。系统地了解几位优秀作者的作品，是非常有益的。

b）"编著"图书：这类图书汇编了大量图书中的内容，拼凑的痕迹较明显，建议读者仔细分辨，谨慎购买。

阅读的收益

阅读图书最大的收益，来自于获取知识后，**应用于**自己的**工作和生活**，获得品质的**改善和提升**，由此，油然而生一种无限的**满足感**。

业绩的增长 

 一张电影票

职位的晋升 

收益 ⇦ 一本书 ⇨ 花费

 一顿麦当劳

工资的晋级 

一次打车费

更好的生活条件 

两公斤肉

序言

INNOVATION TOURNAMENTS

人们总把创新比做电光火石——转瞬即逝，难以捕捉。尽管随机性与神来之笔的确在创新过程中扮演着非常重要的角色，也没有任何单独的分析工具可以为你创新，但我们仍然相信，**通过使用科学原理和分析工具，可以有效地管理创新的过程。本书是探寻成功创新背后的关键科学原理的指南。**我们希望提供一种有逻辑和经验证据支持的、坚实的框架与方法，以帮助大家掌握创新坚实的基础和行之有效的方法。

对创新方法进行研究的动机来源于我们二人的专业背景。我们发明过产品、创建过公司，而且帮助数百家企业进行过更有效的创新；我们同时还为上万名 MBA 学生讲授工艺流程、瓶颈和质量改进流程。这听起来有点像双轨生活，或者换句话说，我们就是被困在运营管理教授身份中的创新者。在这本书中，我们将两种不同的激情——

创新与流程管理协调起来，目的就是推动读者将运营、市场和金融方面的方法运用到创新的管理之中去。

我们对于开发一个严密的创新方法的兴趣要追溯到对制药业的研究中。几年前我们开始与默克公司（Merck & Co.）合作，并被他们药品开发程序中的结构高度所震撼。我们对基础医学、化学和生物学都知之甚少，但依然获益匪浅。无知迫使我们将默克公司的创新活动看做一个抽象的程序，而它所开发的分子化合物仅仅被看做一系列创新阶段中的一个"机遇"。在与默克合作改善它的流程的过程中，我们越来越意识到，**在很多领域，甚至是电影和音乐这样根深蒂固的原创产业里，创新依然是有方法可循、有程序可依的。**

创新程序概念的提出带有一种明显的矛盾：创新被普遍认为是创造新事物，但程序却是重复同样的事物。要解决这个矛盾，必须适当而抽象地审视整个程序。本书的大部分内容将着重探讨机遇的概念。

> 在制药业，机遇就是最新发现的化合物；在好莱坞，机遇就是电影的情节；在消费品公司，机遇是最新传递出的客户需求，也许和最新的健康信息相对应；对于风险投资公司来说，机遇是由创业者提交的商业计划。

在组织中，不同的特定需求或解决方案中的机遇各不相同，但一套标准行为却可以用来管理创新程序中的机遇。电影剧本的角色与情节各异，但电影创作程序却可以被分解为一套标准的创新阶段——剧本创作、前期制作以及制作等。事实上，当机遇整合管理被看做一套程序的时候，各领域的创新看起来就非常相似了，无论在电影、制药、消费品还是风险投资领域。

请不要误解我们。我们并不主张创新工作的精细结构标准化。激情、创意、艺术与天马行空依然在价值的创造中扮演着举足轻重的角色。我们的论点是，**抽象地看，创新工作的机遇管理可以标准化和系统化**。一个关键的挑战是从这种标准化中获取利益，而不是将创意魔法的潜力局限在个人创新项目的水平上。

把创新程序化的主要好处在于，它支持性能测量、分析和工艺改进。是严谨在20世纪改变了产品的管理，我们相信这种严谨也可以在21世纪改变创新的管理。

本书服务于负责通过创新增加企业利润的经理们。多年来，我们在沃顿商学院创新管理执行计划中一直与他们一起工作。我们发现，这群人没有统一的工作头衔，却面临着同样的挑战。这些经理可能在组织的不同部门工作，其中一些人是商业部门的总经理和行政总裁，一些人在做业务拓展，一些人在产品开发或研发机构供职，还有一些人在市场或运营部门做着一系列的监管工作。此外，我们已经将书中的大量材料成功地使用在以我们的项目为基础的工商管理课程以及创新管理的培训课程中。

本书中的一些材料是战略性的解析。我们曾就是否将这些材料纳入本书进行过辩论，因为一部分目标读者可能感到这部分内容难以理解，然而最终我们还是决定将任何我们认为真正重要，并且尚未被现有书籍适当阐述过的材料全部纳入本书。这就好像最好的财务经理从不回避解析复杂的方法，一定要实现价值最大化一样。**创新管理十分重要，需要透彻理解并且运用有效的工具与框架，无论这些工具和框架是否需要我们努力思考。**

对我们来说，创新是最有意思、最有乐趣的组织追求。如果您正在自己所在的组织中寻求改善创新的程序，我们希望这本书可以帮助您取得满意的创新成果。

目录

INNOVATION TOURNAMENTS

引言

INNOVATION TOURNAMENTS

创新可以带来财富。一个大公司每年 20% 的股本回报已经很高了，但以下这些创新可以带来的回报是：

◎ 舒降之（Zocor），默克公司的降胆固醇药物带来的利润超过 100 亿美元，投资成本仅为 5 亿美元。

◎ 苹果公司在 2001 年推出 iPod 移动音乐播放器后的最初六年中卖出了超过 1 亿台。iPod 和 iTunes 在线商店为苹果公司带来了 300 亿美元的收入。值得注意的是，与同类竞争者相比，苹果公司在研究与开发方面花费收入的比例是最低的。

◎ 电影《哈利波特与魔法石》的预算大约为 1.25 亿美元，电影公映后的五年里，华纳兄弟电影工作室从这部电影上赚到了超过 10 亿美元。《哈利波特》系列神话的缔造者，J.K. 罗琳的收入甚至更高。由于《哈利波特》系列的图书、电影与周边产品的热销，罗琳跻身亿万富翁的名单中。

《哈利波特与魔法石》为华纳兄弟带来了超过10亿美元的利润。那么华纳兄弟同期上映的其他电影状况如何？记得《总统千金欧游记》（*Chasing Liberty*）或《大反弹》（*The Big Bounce*）吗？《驱魔人前传》（*Exorcist:The Beginning*）呢？如果没印象的话也不必担心——这不是你自己的问题。几乎没有人看过这些电影，电影公司从这些项目中收获甚微。在华纳兄弟制作《哈利波特》的时候，它也分析了成千上万部不同的电影，开发了成百上千的剧本，并认真地考虑过制作并上映其他几十部电影。然而真正上映的很少，其中赢利的更是屈指可数。

对华纳兄弟或任何电影公司来说，类似《哈利波特》的巨大成功绝对是一个例外。**但对于成功的创新者来说，例外就是他们的工作目标。**在这本书中，我们将指导您对创新机遇的创作、选择与开发进行高明的管理。

在创新游戏中，任何赌注都是伴随着风险的。但这并不意味着您无法成为更好的玩家。

最近，两个赛尔维亚人和一个匈牙利人从英国伦敦的利兹赌场（Ritz Casino）赢了200万美元。幸运？抢劫？或者仅仅是聪明的投注？也许三者都是。据称，他们在手机中嵌入激光，在赌场的管理员开球的时候扫描球的转速，并把数据发送到一个远程的电脑上。通过分析这些历史数据和球的仿真物理模型，电脑推荐了投注方式。这个方法可以完美地预测赌局吗？不，但它可以将传统的中奖率由37∶1变成6∶1。换句话说，利用历史数据、专业的方法和聪明的程序，一个傻瓜游戏可以变成一门有利可图的生意，再去掉欺骗，就得出本书的逻辑。

创新总是有风险的。很多项目会失败，大部分机遇不能保障基本的投资。然而，利用本书中的工具、原理和方法，你也许可以掌握主动权。

创新意味着什么

我们将创新广泛地定义为一个需求与一个解决方案之间的新连接。新意可以存在于解决方案中，也可以存在于需求中——或存在于现有需求与现有方案的新连接方式中。

舒降之就是默克公司的研究实验室为抵抗心脏病的现有需求找到的一个新的解决方案。德国戴姆勒公司（Daimler）最近在美国引进的智能汽车就是使用现有方案（智能汽车在1997年就已经引入德国）来满足一个汽油一向奇贵无比的国家对于节油车的新兴需求的例子。iPod是现有需求和现有方案的新连接方式。第一台iPod所使用的磁盘驱动技术和当时的笔记本电脑内置非常相似，它强调了对移动

> 存储以及数码音乐回放的现有需求——而这项需求此前都由使用闪存的MP3播放器来满足。

这种创新的定义包括硬件、软件、服务、程序以及所发现的任何需要，无论是在工厂、消费品市场还是公共场合。减少办公楼热量流失来改善能源效率的新方法可以是一种创新，重新设计制造流程来利用新的自动化技术也是创新。因此，创新并不总意味着新产品或新的商业路线。

除了实现供需之间的新连接方式之外，成功的创新也创造着价值。在大多数商业环境中，这意味着创新会带来经济利益，但环保、社会福利等替代的价值观念也激励着其他产业环境中的创新。

机遇带来创新

在我们看来，机遇就是一粒种子，也许会在不久的将来成长为创新的参天大树。**机遇是创新的雏形，是新觉察到的需求、新发现的技术或需求与可能的解决方案的粗略连接。**在发展的这一初期阶段，不确定因素成为笼罩未来价值的阴云，因此机遇可以被认为是对价值如何被创造的预测。对默克这样的制药公司来说，机遇也许是似乎能够控制血糖的新化合物。对宝洁公司这样的消费品公司来说，机遇也许是客户建议生产的一个新清洁剂。对于3M这样的材料公司来说，机遇可能是具有特殊性能的新型聚合物。一些机遇最终成长为创新，另一些则可能无法持续发展。

关于机遇的四个例子在图 I—1 到图 I—4 中有所展示。第一个（图 I—1）是创建一个电子邮件或短信系统来提醒你宠爱和赞美你的配偶，同时提供有关怎样做的建议；第二个（图 I—2）是一个自己动手制作的无线门铃；第三个（图 I—3）是一部新电影的剧本综述；而第四个（图 I—4）是基于近期的纳米技术研究的机遇。请注意，在这四个例子中，创建者都可以通过单张幻灯片来描述机遇，有时结合了图文。

提交者：技术人员

日期：2006年8月10日凌晨 1:08

宠坏配偶

构思：

这个想法来源于一个简单的事实，即男人太忙，很少记得及时向妻子做出表达爱意的举动（而女性往往擅长此项）。当你加入"宠坏配偶"之后，你每天 / 每周 / 每月会收到电子邮件或者短信来提醒你该做些什么力所能及的事哄妻子开心，例如送花、提早回家、减少花费在"寒武纪"网站的时间等。这些建议来源于大众，IdeaWarz 可以确保想法的质量。为妻子买花的建议当然会附带一个送花的广告。生日、周年纪念日、母亲节等，都可以被添加到邮件提醒清单中（伴有目标更明确的广告）。之后这可以发展为提醒老板、朋友他们应该做或可以做的事。

我是如何想到这个想法的……

我尽可能地取悦我的妻子，但我总是需要使用新点子或者需要有人告诉我还可以做些什么。就别提还要提醒自己一直坚持了。
此外，谁不想让自己的配偶收到一封邮件提醒他 / 她该做点什么，来疼爱自己的另一半呢？

图 I—1　一个基于网络交流的创新机遇——"寒武纪"

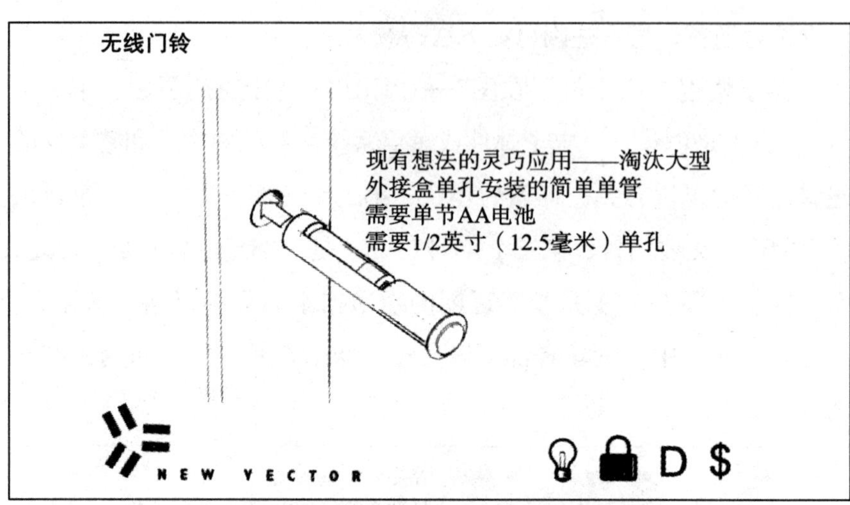

图 I—2　一个自助无线门铃的机遇

注：右下角的标志代表公司对机遇的评估包含四个标准：新颖度、专利性、开发风险和利润潜力。

致命的贪婪

编剧：罗伯特·C. 约翰逊

2006 年 10 月

剧本内容：

本周电影或精选电影 / 幽默 / 浪漫 / 环境主题 / 狗 / 悬疑 / 纽约 / 爱达荷 / 家庭电影 / 黑色幽默剧本

梗概：

纽约大亨与妻子双双遭到谋杀，他们的儿子——醉鬼杰夫荣升新行政总裁，却身陷被指谋杀与背叛的巨大压力中。他带着一条流浪狗驾驶一辆破卡车亡命天涯，乔装成他在爱达荷州某一小镇拥有的一家公司的伐木工。杰夫发现这家可恶的公司只顾将森林砍伐殆尽，换取巨额利润，让不信任他们的社区居民和工人无法翻身。纽约的杀手并未停歇，一名杀手随时准备将杰夫一枪毙命。但杰夫的新伙伴——一名残疾男孩和一只流浪狗拯救了杰夫和他内心的敌人。

图 I—3　一个电影机遇

碳纳米管消除离模膨胀

美国国家标准技术研究所的研究，《自然材料》(*Nature Materials*)，2004 年 8 月

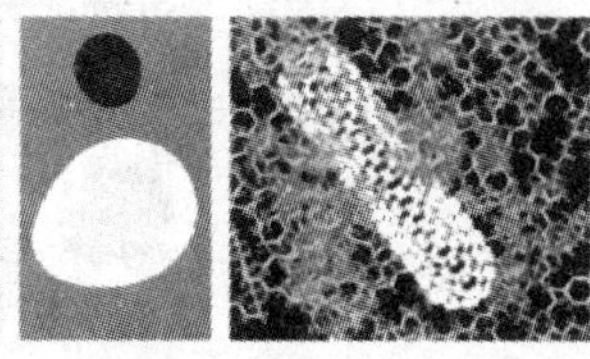

美国国家标准与技术研究所的研究人员发现，将碳纳米管添加到常见的商业聚合物——聚丙烯中，会令熔融聚合物的流向发生巨大的改变，这个过程消除了令很多人头疼的问题——“离模膨胀”，聚合物在穿过挤压机出口的时候向不恰当的方向膨胀。

研究人员添加少剂量的碳纳米管（微小的碳管比头发丝要细 1 000 倍）进入聚丙烯中，希望能够大幅改变材料的强度和其他属性。一旦此举得到实现，被改良的聚合物就可以高速通过制作使用的挤压机。

国家标准与技术研究所的材料科学家担心的是，由于碳纳米管令聚丙烯变得更有弹性，材料处理就会变得困难，或者它被改善的属性就容易流失。令他们惊讶的是，事实却与之相反。在两板之间（用压力）进行切剪时，聚合物通常会将两板分开。然而，当添加碳纳米管以后，板被拉到了一起。科学家发现，这种“拉合”完全缓和了离模膨胀。业内现在摸索使用数种费时的方案来试图解决该问题。消除离模膨胀应当帮助制造商改善他们的市场投放时间，简化离模过程，将对制造的控制缩减到最小。

图 I—4　来自美国政府实验室的新成果形式的机遇

更多的投入并不是创新成功的关键

最近，《金融时报》根据研发投入来衡量创新（图 I—5），列举了五十个最具创新性的公司。根据这个排名表，一个公司的研发投入越多，它就越具创新性。事实上，福特、通用汽车公司和克莱斯勒能够跻身前四，肯定让时报编辑们也感到困惑。

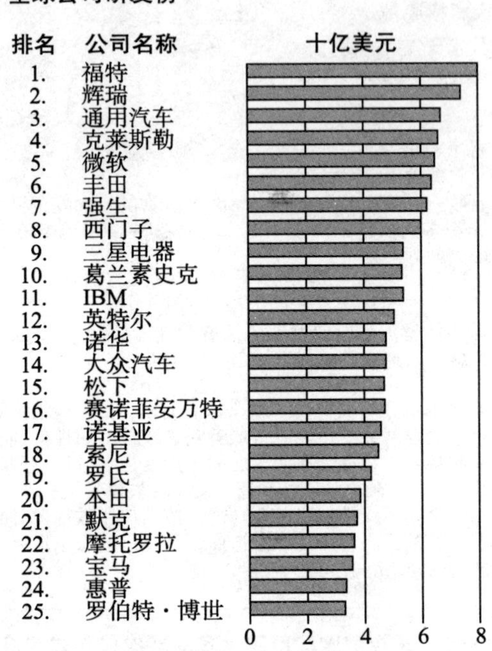

图 I—5 《金融时报》研发记分卡

注：原始研究由英国贸易产业部完成。本排名仅为前 50 名企业中的前 25 名。

你可能基本上同意，不能根据研发投入来衡量一个公司的创新性。那么我们不妨来看看研发投入所带来的经济回报。研发投入更多的公司收入是否更丰厚?

图 I—6 所示的数据是一项来自计算机行业研发投入的分析。图中的横轴展示了公司五年期内研发投入所占收入的百分比，纵轴显示了公司在五年期后的另一个五年期内的平均增长率。一些公司在研发投入不足的情况下收入甚微，这无可厚非；而另一些公司投入更多收入也更多，同样无可厚非。令人诧异的公司包括苹果，它用低于平均的研发投资换取了最快的增长速度，以及太阳公司（Sun），尽管持续进行研发投资，收入却完全没有增长。这种情况不仅出现在计算机产业，很多化学、制药和汽车公司花费巨额投资进行创新，却没有获得更高的增长或更好的利润。

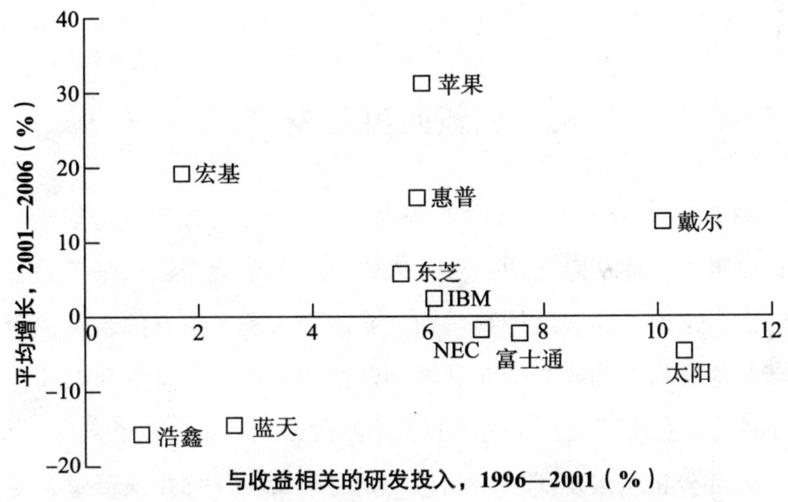

图 I—6　研发投入占收益的百分比与五年后收益增长之间的关系

鉴于投入与收入之间缺乏清晰的联系，学者、顾问和行政人员不禁要问，投资于创新是否真的能够创造价值。因为投入与经济回报之间缺乏明显关联，所以你无法通过盲目加大创新投资来改善经济效益。但这并不表示投资于创新就不会带来效益。正如我们之前提到过的，iPod 为苹果公司带来了超过 300 亿美元的收入以及持续的效益。与苹果公司的竞争对手的创新不同，iPod 的研发耗资甚微。iPod 既不需要巨额研发投入（它使用现有技术），也不需要投入巨大精力来引导消费者（它服务了现有需求）。**苹果公司成功的关键在于，它将投资重点放在了带有独特潜在效益的机遇上。**在本章中，我们用一种叫做“回报曲线”的工具将独到机遇与财务业绩联系在了一起，然后我们展示创新竞赛——本书的核心框架，如何被用于寻找这样的机遇。

创新回报曲线

图 I—6 的分析中包含的创新观点十分简单。该观点将创新看做一只黑匣子。你从匣子的一侧投入资金，并期待金钱从匣子的另一侧涌出。这种方法假设持续增加创新投资有利于所有的组织，而不考虑那些会从附加投资中获利的特殊机遇。然而一旦看到大部分组织面对的投资决策现实，这个假设中的谬误就不攻自破了。

大部分机遇展示了一个相似的财务轮廓——你投入资金，希望可以收获更多金钱。想一下表 I—1 中罗列的七种会获得投资的机遇。对于所列的任何机遇来说，所需投资（A）和预期利润（B）都要进行价值评估，盈利能力指数（C）是利润占所需投资的比率（B/A）；累计利润贡献（E）是机遇贡献的净利润总和——假设按照它的大小进行排序。

表 I—1　　7 种假想投资机遇

机遇	A 所需投资 （百万美元）	B 预期 利润	C 盈利能力 指数	D 净利润 贡献	E 累计利润贡献 （D 的总和）
1 雷德霍克	5	53	10.6	48	48
2 沙科拉瓦	3	22	7.3	19	67
3 南街	22	90	4.1	68	135
4 麦斯·巴斯特	11	22	2.0	11	146
5 卡洛斯	5	7	1.4	2	148
6 缪里尔	14	14	1.0	0	148
7 爱达荷	9	8	0.9	–1	147

我们认为有必要把这些相同的信息通过“回报曲线”（图 I—7）重新展现出来。每个机遇都以矩形来表现，矩形的宽度代表了所需投资，高度代表了盈利能力指数。这些矩形从左向右按利润排列。曲线下面和盈利能力指数 1.0 之上（高于或超过资本成本）的部分代表了公司预期从这些项目中获得的利润。

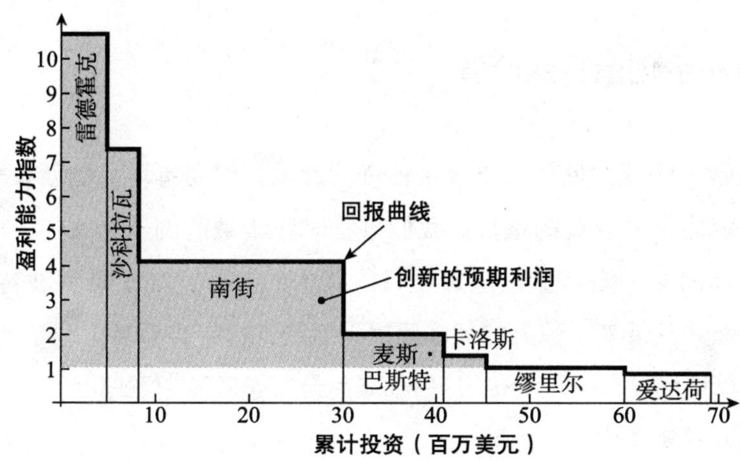

图 I—7　回报曲线

注：回报曲线代表了一系列投资的预期利润。每个投资机遇都以矩形表示，宽度是所需投资，高度是盈利能力。

执行人员如履薄冰，他们很难决定在创新上投入多少，以及应该追求哪个机遇。我们假设研究这些机遇的执行人员会将大部分时间给卡洛斯、缪里尔和爱达荷——表I—1底部边缘的机遇。雷德霍克，沙科拉瓦，南街与麦斯·巴斯特承诺如此高的回报，无须再多做讨论就可以向前推进。与之相反的是，卡洛斯、缪里尔和爱达荷的支持者要在资金薄弱的情况下找到出路，需要长时间的会晤探讨。它们在发展过程中吸引了管理者的注意力，因为它们总是徘徊在终止的边缘。

不幸的是，经理们太过刻意寻找边缘的机遇，并使用他们先进的分析工具来发掘这些机遇的闪光点。大多数创造利润的特殊机遇其实并不边缘，它们十分优越。我们相信，**与其孜孜搜寻边缘机遇，不如好好考虑如何为特殊机遇增加供给。**

特殊机会创造特殊价值

尽管一些独立创新可以带来神奇的回报，但简单增加创新投资并不一定能带来效益的增加。我们再看时代华纳的例子。每年，电影公司都面对一定数量的电影项目。其中的一些，如《哈利波特》十分特殊并且带来了惊人的经济回报。但是，这一类项目十分罕见，只是简单增加投资很可能带来另一部《总统千金欧游记》或《大反弹》，而不是另一部《哈利波特》。

回报曲线为“为什么增加投资水平不能带来效益的增长”这一问题提供了答案。如果你只是为创新机遇增加预算，你就是在增加边缘机遇的数量。相反，**成功的创新很大程度上并不在于选择合适的投入水平，而在于将创新回报曲线转变为你的优势。**

如果我们的例子中的执行人员可以辨别更多的特殊机会，他们公司的前景会大不相同。想想看，超过两个特殊机遇（称为 A 与 B）的介入将如何改变表 I—2 和图 I—8。如果公司投资 8 个机会，甚至包括缪里尔，累计利润贡献可达 2.8 亿美元，大约比不投资特殊机遇的利润高一倍以上。图 I—9 展示了回报曲线如何转化为相应的利润增长。

表 I—2　　7 个原始机遇加上两个特殊机遇

机 遇	A 所需投资 （百万美元）	B 预期 利润	C 盈利能力 指数	D 净利润 贡献	E 累计利润贡献 （D 的总和）
特殊机遇 A	8	104	13.0	96	96
1　雷德霍克	5	53	10.6	48	144
特殊机遇 B	4	40	10.0	36	180
2　沙科拉瓦	3	22	7.3	19	199
3　南街	22	90	4.1	68	267
4　麦斯·巴斯特	11	22	2.0	11	278
5　卡洛斯	5	7	1.4	2	280
6　缪里尔	14	14	1.0	0	280
7　爱达荷	9	8	0.9	–1	279

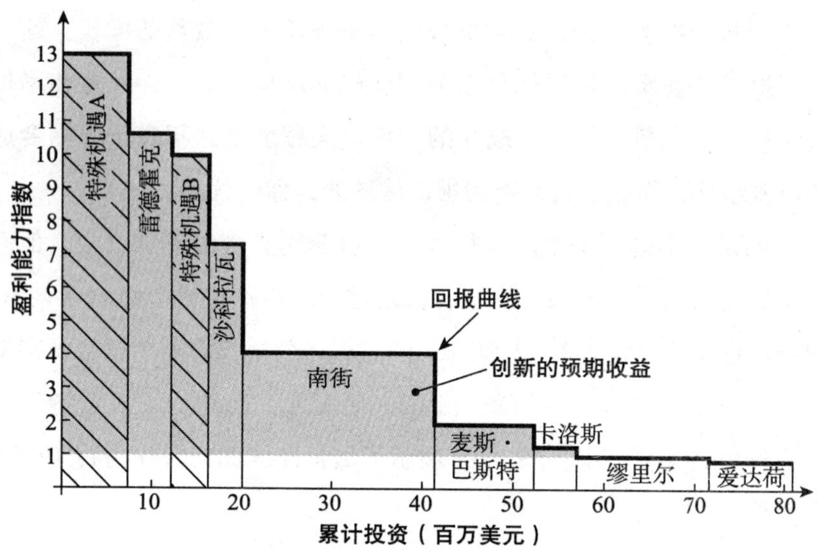

图 I—8　两个特殊机遇使得投资曲线急剧变化

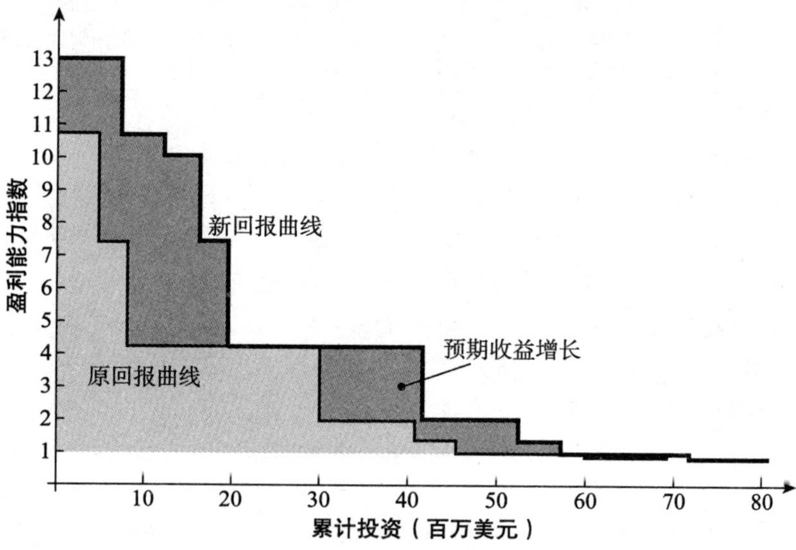

图 I—9　新旧回报曲线对比显示出公司新增两个特殊机遇带来的预期收益

当然，为数据表添加假设的机遇是轻而易举的。但在实际中应当如何以可靠而有效的方式鉴别出这样的机遇呢？这就是我们在本书强调的核心问题。我们将介绍创新竞赛的概念并向你解释应当如何利用创新竞赛来创造和选择特殊机遇——这些机遇将彻底改变你的创新回报曲线。

创新竞赛确定特殊机遇

创造机遇常被拿来与闪电或火花做比较——稍纵即逝、难以把握。尽管天马行空在特殊机遇的命运中始终都必不可少,但我们相信，严谨的系统管理——我们称之为创新竞赛，可以为创新程序带来专业的严谨性，同样的严谨性也可以应用在业务的其他方面，无论是财务预算还是供应链管理。

在最基本的层面，创新竞赛是机遇之间的竞赛，遵循了达尔文的适者生存理论。在特殊机遇的价值得以实现之前，它可能开始于化学培养皿里的化学鸡尾酒，也可能开始于纸巾上的草图，它与其他机遇一同竞争并最终成为少数的入选机遇。

创新竞赛和体育竞赛一样包含很多轮淘汰赛。它以海选的方式开始，通过程序过滤筛选出一部分进入下一轮，然后再从入选者中挑选出一个或几个冠军。

在寻找舒降之的过程中，默克公司筛选了大约一万种

> 化合物，对其中十几种化合物进行了临床追踪，筛选后进行人体测试，直到化合物斯伐他汀（Simvastatin）——也就是我们所知道的舒降之，在安全性与效率上击败了其他对手，最终胜出。

创新竞赛在消费品创新中也十分重要。图 I—10 展示了寻找欧乐 B 电动牙刷的程序。图中展示了欧乐 B 设计师制作的十几个泡沫模型，其中五个模型经过消费者的试用，而消费者最喜欢照片中央位置的设计模型。创新促使欧乐 B 重新定义之前的手动牙刷高端市场。

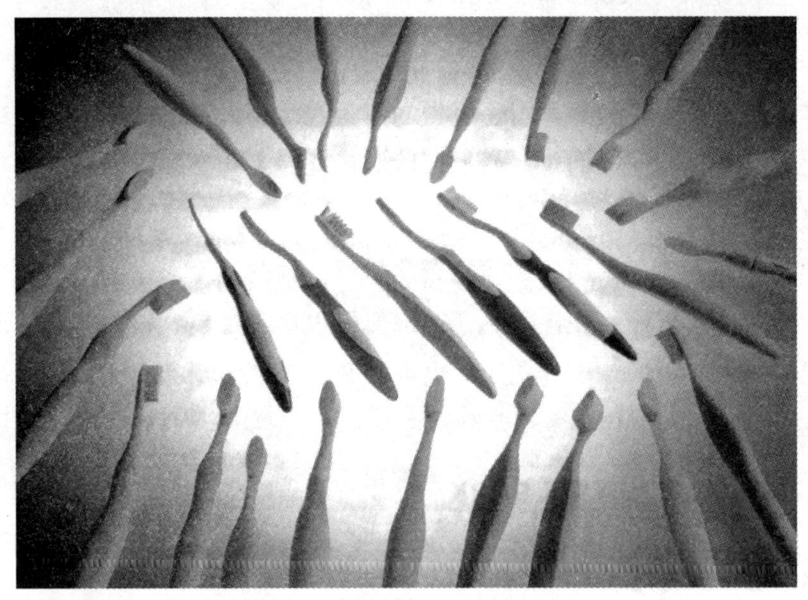

图 I—10　欧乐 B 电动牙刷的开发

注：欧乐 B 电动牙刷的开发包括了数十种形式的结构性探索。Lunar 设计公司的设计师制作原型并且测试了其中五种（如图中央所示），然后才选择出最终的设计。

不管是在制药业还是在牙刷业组织机遇，所有的创新竞赛都有相似的结构，这一点在图 I—11 中有所总结。大规模的机遇以选手的身份参与创新竞赛。一系列过滤步骤（在图 I—11 中为三个步骤）排除掉大部分机遇，留下少部分带有特殊价值的幸存者。

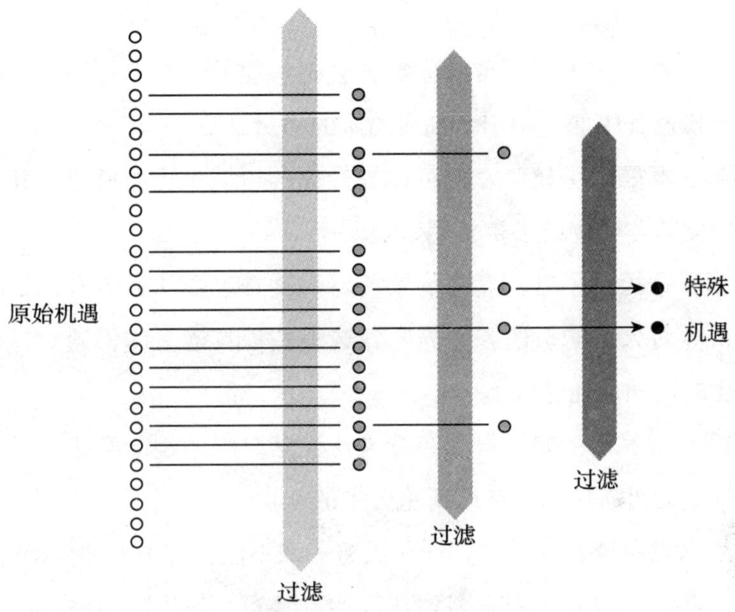

图 I—11　机遇的筛选

注：创新竞赛开始于一大批“参赛者”，运用一系列过滤步骤进行筛选，辨别“赢家”。有效的创新竞赛会得到特殊机遇。

就像你会在接下来的章节中学到的那样，基本的竞赛设计的几个版本都是相似的。例如，你可以允许机遇发生突变或退回到前一个步骤，或者产生多个变种。然而，**创造与过滤的基础逻辑对所有竞赛都适用**。本书的核心问题并不是是否使用创新竞赛，而是如何管理创新竞赛。

本书的路线图

第 1 章明确了创新竞赛的概念，并且阐述了创新竞赛结构在实践中使用的几个关键不同要素。本章还识别出竞赛结构中的关键操作杠杆。

第 2 章探讨了可以帮助你集合更多机遇的工具和技巧，还探讨了在寻找过程中如何利用个人或团队的力量。

第 3 章展示了如何发掘可以提升你的组织机构的机遇，并且增加你的创新竞赛中的参赛机遇数量。

第 4 章探讨了创新竞赛的第一轮淘汰赛。在这一阶段，挑战在于如何应对大量的机遇。你需要甄选那些最具潜力的机遇，只有最有前途的机遇才能进入下一轮。

第 5 章解释了如何根据经营策略调整组织的创新竞赛，以保证你所挑选的机遇可以填补创新组合中的缺口。

如果没有理智的过滤，创新机遇一钱不值。在本书的后半部分，我们提供了一些方法来调整你在你的竞赛每一轮中的赌注。第 6 章解释如何使用不确定收益的财务模型详细分析每个机遇，而第 7 章把重点从单个机遇拓展到整个机遇组合并探讨如何处理公司增长预期、资源限制、机遇的相互依存以及分散风险等问题。第 8 章为更具风险、但也更具效益潜力的机遇的培育与发展的管理提供战略。

一旦你决定实施创新竞赛，你将会面临众多问题。你该设置几重过滤？你该以多快的速度减少机遇的数量？你在第一轮中应考虑多少机遇雏形？第 9 章引领你设计竞赛的形式与规模，使之满足你的商业需求。第 10 章探讨了竞赛的组织，提出了治理和管理的不同方法。该章节也着重探讨了你应当在何时、如何从组织外部的想法中获利。

我们增加了一章"寻找下一个大机遇"，该章会帮助你在组织机构中运用创新竞赛取得一些快速盈利。我们解释了如何分析你的现有创新程序，并帮助你创建你的第一次创新竞赛。

第1章

INNOVATION TOURNAMENTS

创新的竞赛，就是机遇之间的竞赛

设计师在为TerraPass设计标志时利用了创新竞赛。他们构思了数百个想法，并将其中的23个做成图标。最终，一个最为抢眼的设计成为TerraPass的标志。创新的竞赛，就是机遇之间的竞赛，所有参赛者同台竞技，只有最优秀的才能脱颖而出。

要详述竞赛的细节，可以参考《美国偶像》（*American Idol*）电视选秀节目。

作为最受欢迎的电视节目之一，《美国偶像》吸引了超过3 000万名观众，并进行了全球转播。在每一季中，制作单位会到诸多美国城市进行海选，成千上万做着明星梦的表演者在评委面前展示自己。每个城市只有大约100名选手可以进入第二轮比赛，这一次他们面对的评委团也更加强大。入选者随后被筛选至40名，他们可前往好莱坞继续参赛。在好莱坞，每位选手要表演规定的歌曲清单中的一首歌，再表演一首自选歌曲，并参与各种群体表演。最终，胜出的24名参赛者在系列电视节目中继续表演，而观众则负责投票选出心中的冠军。

这部电视节目的主要目标是娱乐观众，而每一轮比赛中评委尖酸刻薄的点评同样是收看的亮点。然而，从成千上万其貌不扬的普通人中进行海选，并发现真正会在未来赢得格莱美奖，甚至奥斯卡奖的艺人，这个过程本身就拥有令人难以抗拒的巨大吸引力。

《美国偶像》代表着创新竞赛：很多参赛者同台竞技，但适者生存。在本章中，我们介绍创新竞赛，并向你展示公司如何使用创新竞赛。我们列出可用于改善你的创新竞赛的管理杠杆，并将竞赛定位于创新管理和产品开发这一大背景中。

有关创新竞赛的四个例子

专业服务组织机构德勤会计师事务所每年都会举办创新竞赛。该竞赛的目标是发掘每天出现在客户网站和野外作业中的创新理念，将其变为组织成形与发展的核心，然后将其传递回外缘业务中，使更多的客户或个人从中受益。这种被德勤称为“创新探索”的竞赛正在培养着不断发展的创新文化。

德勤的创新竞赛包含三个阶段：构思、协作和评估。在构思阶段，德勤所有的 4.3 万名员工被邀请以电子方式递交想法。组织机构内的相关学科的创新领导者与学科专家对想法进行审查和筛选，其中一部分想法将进入下一阶段。在协作阶段，想法的构思人会组建一支团队，为他们的想法征求反馈。反馈来自组织内不同背景的人，这会大大改善与提高最初的想法。在最终的评估阶段，所有的德勤员工都被鼓励提出他们对最具竞争力的概念的意见——他们为最佳的理念投票，这是确定赢家的重要因素。

至今为止，德勤会计师事务所的“创新探索”已挖掘出超过一千条理念，超过 90 名独立赢家获得提名。赢家收到金钱奖励，并得到晋升。诸多获胜理念中有一条是新企业可持续服务，它允许客户衡量，改进和保持其社会和环境业绩；另一个获胜理念是新的人才管理套件，它由提升组织吸引、开发、鼓励和留住人才的方案组成。

一如德勤在专业服务中寻求创新，陶氏化学（Dow Chemical）在工厂中也寻求创新。十几年来陶氏化学坚持举办年度创新竞赛，征求节能减排的方法。工厂鼓励高层以下的员工递交既能在一年内见效、又能将成本控制在 20 万美元内的项目意见。递交的意见将经过仔细的审查，其中最具竞争力的项目得到实施。员工收到持续的现金奖励，而陶氏化学从这些项目中得到三倍的回报。事实上，一项对通过竞赛产生的 575 个项目的审查显示，陶氏收到的平均回报高达 204%，每年节省 1.1 亿美元。

第三个例子是意诺新公司（Innocentive）组织创新竞赛，帮助它的客户，尤其是大型科技公司攻克具体的技术难关。意诺新向公众公布一项问题，其面对范围包括像我们这样的学者，像你这样的专家，乃至任何对此感兴趣的人。这些人会向意诺新提交他们的建议方案（通常附带一些作为支持的科学证据），意诺新和其客户会从中挑选出一名或多名赢家。赢家获得现金奖励，客户则攻克了其面对的难关。

创新竞赛同样存在于建筑师与设计师的创新工作中，如我们先前的举例所述。图 1—1 展示了为 TerraPass 设计的标志，这是一项可以帮助消费者从汽车、航班以及日常家用中减少二氧化碳排放量的服务。图的最右边的设计最为抢眼。它尚未被做成单篇的，富有创造力的 Flash，就已经击败了几十份由公司经理在专业设计师的帮助下创建的竞争概念。最终的标志在创新竞赛中被一举选中。

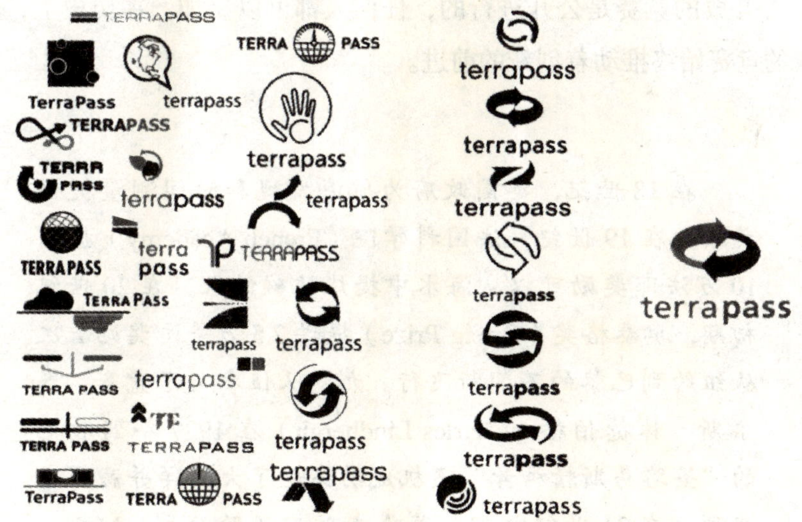

图 1—1　TerraPass 标签的创新竞赛

注：有关 TerraPass 的标签的创新竞赛开始于数百个概念，其中的 23 个得到了测试。在第一轮竞赛，附加概念围绕着环形箭头主题被开发出来。最终，最右侧的设计胜出。

判断创新竞赛的属性

德勤的新服务、陶氏的制作工艺改进、科学难关的攻克或新标志的设计——无论目的如何，创新竞赛的基础结构总是一致的。**所有的竞赛都开始于一群参赛者，即创新机遇。通过对大批机遇进行过滤，找到最终可能展现可持续价值一项（或几项）机遇。**

然而在这个常见结构下，创新竞赛可以表现出很大的不同。本节概述了不同类型竞赛特点的关键属性。

创新竞赛是开放的还是封闭的

开放的竞赛是公开进行的，任何人都可以参加。在历史上，开放的竞赛始终推动着创新的前进。

在18世纪，英国政府为航海发现和时间测量提供奖励。在19世纪，法国科学院（French Academy）提供10万法郎奖励可以从海水中提炼纯碱的人。在20世纪初期，奥泰格奖（Orteig Prize）提供2.5万美元奖励首次从纽约到巴黎的不间断飞行。九支队伍参与了竞赛，查尔斯·林德伯格（Charles Lindbergh）在1927年驾驶他的“圣路易斯精神号”飞机成功穿越了大西洋并赢得了奖项。在21世纪初期，莫哈韦航空风险公司（Mojave Aerospace Ventures）获得了来自“X大奖”基金会（X-Prize

Foundation）的 1 000 万美元奖金，因为该公司使其“太空船一号”成功进入轨道，而预算仅为前政府赞助中的一部分。近期，美国总统候选人约翰·麦凯恩（John McCain）提出 3 亿美元的奖励计划以奖励在研究性能更优的电池的同时降低生产成本的组织。

开放式竞赛的组织者通常是公共机构，例如政府或非营利组织，但如同意诺新所展示的，寻求效益的公司同样可以胜任这个角色。开放式竞赛的优势在于它吸引了广泛的参与者，这就带来了大规模、多样化的机遇。回顾林德伯格的经历。在他著名的飞行之前，当天的新闻媒体戏称他为赤胆侠和不成熟的、甘愿送命的飞行傻瓜。他的单引擎/单飞行员战略和当时的传统观念相差太远，哪怕更加正统的飞行员，即使是在政府或者大公司的赞助下，恐怕也不敢轻易冒险尝试。

大多数由公司组织的创新竞赛后来却都被封闭。员工发掘出创新机遇，而公司专有这一程序。德勤的“创新探索”和陶氏竞赛都以这样的方式进行。

创新竞赛是梯级赛，还是允许重新入围

大多数体育比赛都是梯级赛，参赛选手都经过了评估，要么领先，要么被淘汰。制药公司通常进行纯粹的梯级赛。每一个机遇，对他

们来说就是新发现的化合物，要么领先，要么被淘汰。一旦遭到淘汰，该化学物永远不可能再有第二次机会。

然而竞赛也可以是重复的，例如原始机遇衍生出其他机遇，或是已经被淘汰的机遇经过改进重新进入竞赛。请注意德勤是如何利用其竞赛的协作阶段，不只是过滤机遇，更要改善和提高机遇。同样，TerraPass 的最终版本标志并没有在竞赛的第一轮中出现。它包含了原始想法中的一项，也使用了两个交织箭头的主题。图 1—2 以添加箭头的方式阐述了重复赛的概念（由右至左），只有在第一轮过滤结束后，附加的机遇才可以出现。

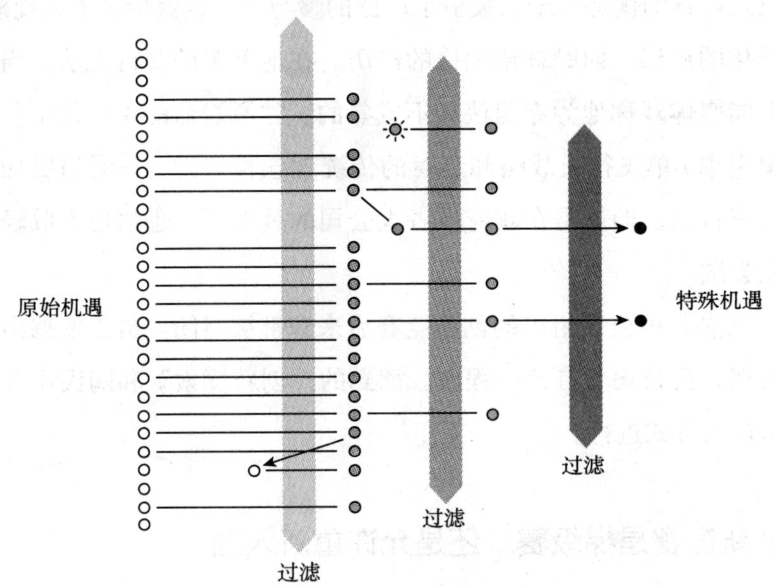

图 1—2　一个可以重建和重新入围的机遇

注：一个新机遇在第一轮筛选后被识别；一个机遇被完善，并作为第一轮参赛者重新出现；还有一个机遇衍生出两个变种。

创新竞赛是只有一轮还是有多轮

最简单的竞赛只有一轮，就像纽约马拉松赛一样。成千上万的机遇在第一轮评估中进行竞争，最好的机遇留下。然而更多时候，创新竞赛包含好几轮，就像体育赛事的赛制，比如温布尔登网球赛或者世界杯足球赛。**多轮竞赛将普通机遇迅速淘汰，节约更多的时间和资源来评估最具潜力的机遇。**

还记得我们之前提到的欧乐 B 设计师对更好的牙刷的搜寻吗？设计师在第一轮创建了大约 100 个草图，有几十个塑料模型进入了第 2 轮，然后只有 5 支塑料模型在第 3 轮被消费者试用。相似的，德勤有两个评估阶段，并在其“创新探索”中投票决胜负。

竞赛的淘汰标准是绝对的还是相对的

竞赛可以采用绝对的或相对的标准来进行机遇评审。在使用绝对标准评估机遇时要面对一个固定的基准或质量门槛。如果该项机遇合格通过，那么就晋级。相反，相对标准的操作则像一场选美比赛：最佳机遇获胜，并不是因为其具有绝对价值，而是因为它击败了其他入围者。要赢得奥泰格奖，林德伯格必须符合绝对标准。如果他降落在法国西岸的布雷斯特（Brest），虽然他比其他竞争对手飞得更远，但并不符合标准也无法赢得奖金。

德勤与陶氏的创新竞赛同样在寻找符合最高效益的绝对标准的机遇。如果在任何已有的竞赛中，一个公司同时发现数个符合标准的机遇，那么最好的办法就是不要将赢家限制在一名。相反，寻求新标志设计或者牙刷设计的竞赛的标准则是相对的，即使最终有数个有前途的选择，组织者依然只会选择一个。如果没有令人惊叹的设计，那么入选设计中的最佳选项会获胜并且得到进一步开发。

哪种创新竞赛适合我

竞赛是开放的或封闭的、梯级赛或允许重新入围、一轮或多轮淘汰制、绝对标准或相对标准？哪种适合你？你如何运作你的竞赛，确保你的机遇是特殊的，并能创造经济价值？这些问题是本书的核心。在回答这些问题以及相关问题时，我们会明确一种以原理为基础的方法来进行机遇的有效创造、筛选和开发——这就是创新竞赛的科学。

竞赛的力量

乍看起来，竞赛似乎是创新的浪费。它们需要你投入时间和金钱来聚集很多机遇，只为了将它们中的大部分丢弃掉。如果创新是一个制作过程，它的不合格率是很恐怖的。的确，竞赛的确不是创新最好的方式。更好的方法是用基于严格测算的科学理论来进行创新。例如，你有一个科学模型，可以让你为特定市场制作一首完美的歌曲，包括它的节奏、旋律和和声。你作为音乐制作人的工作内容就要大打折扣。

你只要摆弄计算机，让它唱歌就行了。在某些领域里，创新是遵循这类模型的。波音或者空客的飞机工程师不需要通过竞赛来确定油罐的最佳尺寸，以满足支持飞机横越大西洋的要求。

在实践中，大多数创新问题不允许使用这种方法。反而是怀有灵感的创新者们需要通过反复试验来寻找最特殊的机遇。科学依据的缺乏在某些领域尤其令人烦恼，在这些领域中，单是客户的口味就足以决定一项创新的命运，比如在娱乐产业。想想电影制作吧。皮克斯这样的电影公司并不是基于科学理论发掘出《汽车总动员》（*Cars*）这样的卖座大片的。在制作这个卡通形象的几年前，公司考虑了大约500个选择，每个选择都讲述了一个电影雏形（图1—3）。《汽车总动员》的故事线索既不是来源于灵光一现，也不是出于对电影制作的公共理论和对消费者喜好的系统分析——它来自于创新竞赛。

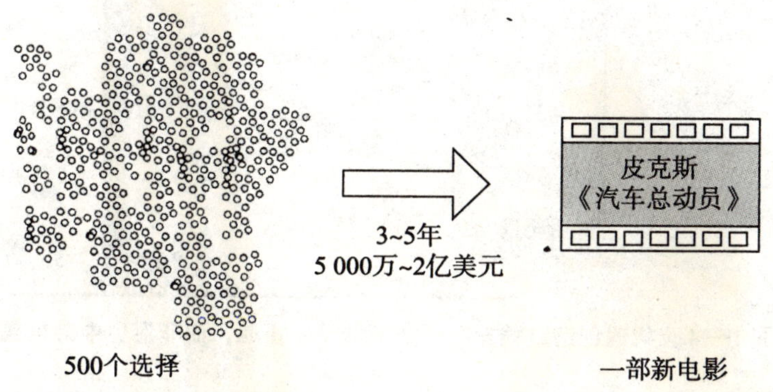

图1—3　电影《汽车总动员》来自由500个选择组成的竞赛

对于你所考虑的每一个单独机遇来说，无论是分子、电影还是捕鼠器，你都面临一组可能的后果，因此机遇的回报都是不确定的。

当你创建机遇时，你实际上是在打印乐透彩票。用统计数语来说，即你从收益分配中创造回报。一张没有中奖的彩票带来的危害几乎为零，你只需关注口袋里中奖的彩票。在创新竞赛中，这些中奖的彩票就是在创新中创造巨大经济价值的那些特殊机遇。

图 1—4 阐述了机遇创造程序和寻找特殊机遇的逻辑。程序创造了一系列的机遇雏形，而你按照质量进行筛选过滤。把过滤过程想象成跨栏，只有最好的机遇才能通过。程序在生成特殊机遇的同时会生成很多中游机遇。我们用钟形曲线来阐述已创机遇质量的不同。**最好的想法是凤毛麟角的，并且覆盖在收益分配顶端的尾巴上。**

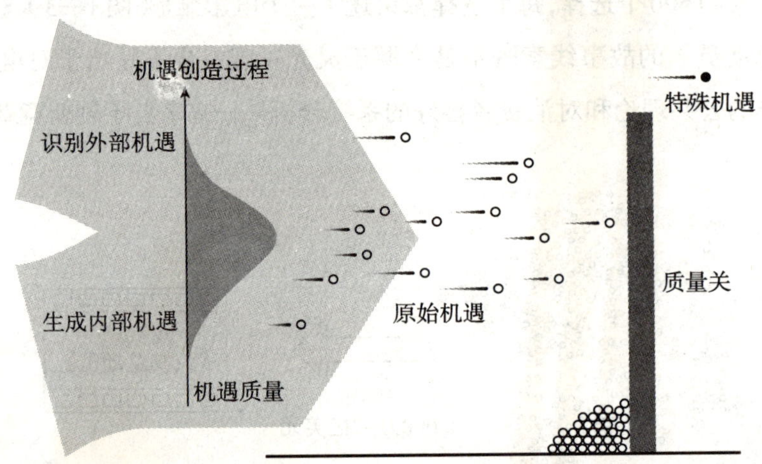

图 1—4　机遇创造过程旨在寻找新的特殊机遇，而非促生中游机遇

既然最佳机遇极其稀少，你如何增加机遇以确保有足够的参赛选手能跨越你的质量栏杆？你怎样打印出更多的中奖彩票？以下有三个基本的方式：

1. 提高你的机遇的平均质量。如果你创造的机遇质量优于平均值，那么通过率就高。
2. 增加你的机遇的数量。如果你制造出更多的机遇，你会在其中找到更多特殊机遇。这其中的逻辑十分简单：平均起来，如果你 在十万人中找到一个高 2.1 米的人，那么你就会在二十万人中找到两个。创造更多机遇（而不是牺牲它们的平均质量）成为寻找特殊机遇的关键杠杆。
3. 增加你的机遇质量的多样性。尽管不是立刻见效，但这的确具有最直接的统计意义。控制了参赛机遇的平均质量和数量后，如果你的程序能够展现出多样性，你就会收集到更加特殊的机遇——如果它的产出质量不那么一致的话。机遇的多样性与程序改善的常规方法相矛盾，但这正是你在机遇创造中所需要的。在收集怪念头和狂野思路的同时，你在增加找到至少一个特殊机遇的机会。

这不是六西格玛的流程

很多商务人士被训练得试图消除多样性，争取保持高度一致、可复制的产出。这是当代质量管理的逻辑，包括过程能力和六西格玛的概念。它也逐渐发展成为思考创新方面的一个谬论。

如果你经营一家披萨连锁店，你会希望每家餐厅每晚制作出一百份可口、诱人的披萨，质量上大同小异。这就是顾客喜欢的。然而，这种行为在机遇创作程序中会导致一种十分可怕的结果。你宁可创造出一个真正独特的机遇和九十九个次品，也不愿意产出一百个差不多质量的。在创新中，你会追求的只是你创造的机遇中的极少数，那一小部分特殊机遇可为你带来从创新中获得巨大价值的希望。作为披萨店，你最不希望看到一位难以预测的厨师；但对于机遇创造程序来说，厨师各异才是最好。

创新竞赛适合于你的业务中的哪部分

在过去的二十年里，大多数公司为他们努力创新的产品开发部门制定了结构，通常是阶段与门槛分明的过程。这些过程清晰地界定了所有阶段——通常是四到五个，中间设置门槛，即通过 / 不通过审查。和诸多的阶段 - 门槛程序一样，假设目标机遇被足够有效地强调，它会体现在成功的产品或服务中。大多数进入阶段 - 门槛程序的项目最终的确得见天日，而部分项目则在程序中，甚至是前半阶段就已经被扼杀。

阶段 - 门槛程序的优势在于它把你在生产或销售中所熟悉的结构和管理的严谨性运用到新产品和服务的发展中去。这种上游产品开发流程中的活动通常被贴上“模糊前端”的标签，管理向来松懈（或者完全不管理），并经常被认为是创造性天才的专属工作。

阶段 - 门槛程序不是创新竞赛。这种程序只是在开发与推动已经生效的机遇方面非常有效。一旦你已经确认了伟大的商机如 iPod，那么阶段 - 门槛程序会帮助你进行深度开发。但阶段 - 门槛程序并不能帮助你在第一步辨别出以磁盘驱动为基础的移动音乐集锦的机遇。

本书的重点也在于——要在甚至还没有开始开发之前，感受、过滤和评估机遇。正如设计失败的产品哪怕制作再精致也必然会面临商业失败，失败的创新机遇同样也会在即使最完美的开发中露出马脚。阶段－门槛程序通过引进结构与分析，在很多公司中对产品开发进行了革新。现在是时候革新你创造和选择机遇的方式了（图1—5）。

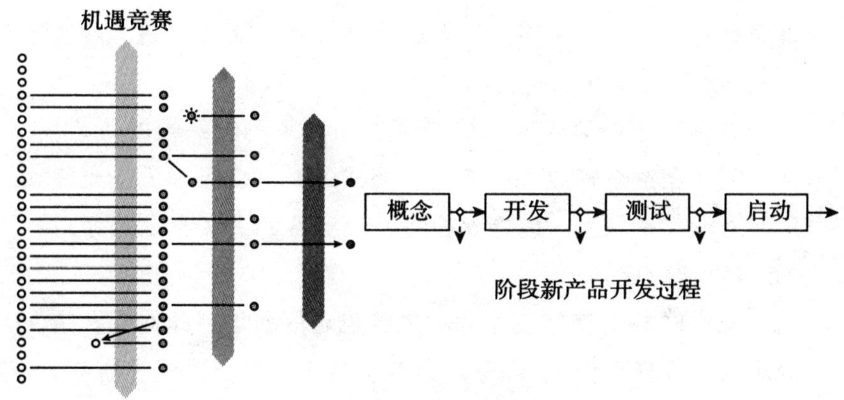

图1—5　可以这样理解创新过程：在新产品开发过程之前的机遇竞赛

商业中的其他竞赛

竞赛是一种广泛的工具。你在业务的很多领域都必然要进行竞赛，例如在挑选新的执行人员、新的产品名称或者新的企业软件系统时。如果你和我们一样，那么这本书中的很多内容都可以运用到你正在进行的其他竞赛中。我们同样对超越竞赛管理的创新的重要方面了若指掌。因此，这本书中的很多指导都不仅局限于竞赛。

本章小结

竞赛推动创新，无论目标是林德伯格领先的航空事业还是德勤专业服务的更新。所有的竞赛都始于海选机遇、淘汰机遇并辨别出特殊机遇。

在运作创新竞赛时，你必须做出一系列组织性的决定。你的创新竞赛是开放式的还是封闭式的？是梯级赛还是允许重新入围？是只有一轮还是有多轮？竞赛的淘汰标准是绝对的还是相对的？

三个杠杆促使你改善你的最佳机遇的质量，即你竞赛中的赢家（或赢家们）。你可以为竞赛带来大量优秀的参赛者，你也可以提高你的参赛机遇的平均质量，或者你可以增加它们质量的多样性。

创新竞赛为创新的模糊前沿的管理提供了结构性方针。如果你选择的机遇不对的话，再好的产品开发也无法创造特殊的价值。

诊断

在本书的10个主要章节中，每一章节都包含一系列问题，帮助你运用章节中的知识来应对你所面对的创新挑战。因为本章提供了创新竞赛概念的综述，所以我们以一些宽泛的问题作为开始，其中的很多问题都是未来章节的话题。请挑选一项你近期面对的创新挑战并进行反思。

- 你有多少机遇，首先考虑什么？你考虑得是否足够？如果多考虑一些又会发生什么？
- 你怎么确定你的机遇？它们以什么方式反映你当前的业务战略？你主要是通过观察你的公司内部还是外部来确定机遇？
- 你如何从财务方面来评估机遇？你在竞赛中何时开始使用财务指标？你如何将风险纳入你的价值评估？
- 你怎么确定过滤器的严格程度以及每个比赛阶段的获胜者和失败者？
- 你怎样比较激进式创新与前景相对明朗的渐进式创新？

第2章

INNOVATION TOURNAMENTS

团队集结号：从内部创建机遇

47 名资深项目经理组成团队，每人提交 5 个商业想法，并评估 100 个由其队友提供的机遇。质量评估结果表明，排名靠前的机遇，正好集合了所有最好的想法。组建最好的团队并善用之，就能创造最好的机遇。

大部分组织会通过内部个人与团队的创造力量先行集合其创新竞赛中一半左右的机遇。本章着重讲述如何通过你的员工来集结到更多、更好的机遇雏形。与追求其他众多目标一样，你要通过加倍努力来实现该目标。尽管我们不知道绕开勤奋努力的捷径，但一系列的技巧却可以帮助你开始并且避免中途停滞。

在本章中，你将学会：

◎ 刺激机遇集合。
◎ 构建竞争前端，以及时捕捉你的组织成员的理念。
◎ 有效利用个人或团队的创造力。

这些技巧可以被寻求经营理念的企业所使用，例如执行人员试图重振产品生产线，或专家小组负责开发现有公司的新商机。

本章的主要方法是“推动”——为创新竞赛提供大量具有价值的原材料，并且希望其中的一部分机遇可以与组织机构的战略方针相吻合。然而，当你在现有组织背景下工作时，一次“拉动”也可以被用于机遇集合程序。第5章将着重探讨如何拉动机遇进入基于你渴望的战略方针程序中。

刺激机遇集合的技巧

对于一些创新人群来说，没有什么比新点子更令人感到快乐的了。然而我们发现，大部分人都会在被要求集合一些有利机遇的时候深感头疼。对他们来说，想新点子实在是太抽象、太没有结构、而且自由度也太高。要刺激收集不同群体的很多想法，你必须为你的员工，尤其是那些在任务中挣扎的员工提供一些机遇集合方面的指导。

接下来，我们针对机遇集合提出一系列方法。我们会告诉你如何在内部创建机遇：寻找创新的替代途径，遵循个人激情，烦恼激励下的创新，将产品进行商品化，把创新带入市场，趋势驱动下的创新，基于属性的创新，功能分解。一些其他的作者，包括纳尔巴夫（Nalebuff）、艾尔斯（Ayres）和肖恩（Shane），提供了一些附加方法。

我们的网页[1]为这方面的工作以及基于网络资源促进新理念的产生提供了参考。

现有创新的替代渠道

当另一家公司成功创新并为市场带来新的产品或者服务时，它等同于宣布了一座金矿的位置。你可以钻研这些信息，要么为同样需求找到替代的解决方案，要么为现有方案找到替代需求。具体方法为：

- ◎ 浏览媒体并通过参加贸易展来监督其他公司的市场行为。
- ◎ 阐明与你确认的任何创新相关的需求与解决方案。
- ◎ 集合替代方法来满足需求或集合可以用新方法满足的替代需求。

想了解更多领域的创新，你应当浏览《连线》、《快公司》、《公司》、《纽约时报》和《华尔街日报》。几乎这些发行物的任何议题都会带来一些新的创新。请看图 2—1 中展示的产品审查。我们需要的是咖啡因递送（或者，更根本的是，需要越来越清醒）。该解决方案是可溶性膜片，原本由辉瑞公司（Pfizer）在李施德林杀菌口香片中使用。我们也可以从已经被确认的需求中轻易集合其他机遇。这些需求包括咖啡因喷雾、果冻豆咖啡因，咖啡因甜味剂包（也

① www.InnovationTournaments.com——作者注

许与 Splenda 代糖混合）。其他可以使用可溶性膜片来传递的东西包括布洛芬，抗组胺药，维生素和氟化物。

新鲜出炉

布茨咖啡因条; 2美元, www.boots.com

乔·威尔德
高级编辑
风投 2.0

我记得我父亲总是很忙碌，他祈祷能够有一种省时间的漱口水与咖啡因的结合物。20年后，我父亲的梦想成为了现实：作为英国最大的连锁药店，布茨最近开始出售薄荷口味的咖啡因条。这种产品与李施德林口气清新含片非常类似，不过布茨的产品还含有相当于半杯咖啡的咖啡因。（一包28条，但布茨建议每天使用不超过4条。）它很有用，既可以带给你刺激又不需要使用卫生间。这种刺激非常直接。现在不论我何时到访英国，都有越来越多的朋友要求我带布茨咖啡因条给他们。

请来信告诉我们你不可缺少的工具：favorites@venture2.com

图 2—1　杂志所述的布茨咖啡因条

遵循个人激情

任何领域的敏捷才思都令创新者从他们的个人激情中受益。很简单，列举你的激情，那些使你激动而清醒的勇气——然后想一下，萌生中的技术、趋势以及商业模式将如何影响到这些激情。你也可确认自己感兴趣的、尚未被发觉的需求。我们都知道，一位狂热的自行车手开发出了一套营养输送系统，用于现有的水化背包（例如驼峰公司，Camelbak），并应用于军队或多种体育运动中（图 2—2）。他之所以能够捕捉到这个机遇，只是因为他自己希望可以调整从背包中的饮料里所摄取到的糖分和电解质含量。

图 2—2　发明者测试时穿的养分输送系统

烦恼激励下的创新

成功的创新者总是对身边的世界不甚满意。他们注意到包括自己在内的用户的尚未被发现的需求。比如汤姆·斯坦伯格（Tom Stemberg）——办公室用品提供商，史泰博（Staples）的创立者，他后来还创立了大型连锁干洗店佐特公司（Zoots）。斯坦伯格开始创办这两家公司都是出于他当时对现有公司的失望。当使用这个方法的时候，列出你在数天或数周内所遇到的所有令你感到烦恼或沮丧的事情，从中选出最普遍和最恼人的几项，然后开始思考解决方案。**任何问题都是一次机遇。**

在每周的工作时间内有线电视技术人员每天只开通4个小时的服务窗口。谁会在周三花半天时间坐在家里等着有线电视技术人员光临？为什么不允许人们根据自身的方便程度来要求接受或取消开通有线的服务？比如，30分钟的提醒？在开通有线的30分钟前发送短信到用户手机上，而你要做的只是回复信息同意开通。你也许不认为这个特别方案很有说服力，也许你已经有了更好的想法。

产生机遇的烦恼不一定是你一个人的烦恼。你可以从客户的抱怨或市场调查中找到这些烦恼。去了解别人的烦恼的一个有效办法是专心致志地沉浸在使用你的产品或服务的人群所生活的世界里。在第5章，我们引入了人类学作为一种获取第一手信息的有效渠道，它有助于你发现你的潜在客户喜爱你的产品或服务的哪一点，又讨厌哪一点。

将产品商品化

通常情况下，**价格竞争让产品特质化了，而产品原本不过只是产品**，就像星巴克出现之前的咖啡和欧托滋（Altoids）出现之前的薄荷糖。这样的商品为创新创造了机遇。要追求这一种创新形式，要列出所有廉价、无差别的产品或服务类别，然后再考虑豪华版本的可能性。我们再来看小麦面粉。人们常常在超市的货架底部看到它们，除节假日以外，大多数家庭很少使用小麦面粉。它们最典型的包装就是凌乱的纸带。为什么不用可以重复密封的塑料容器来装，以使其可以被冷藏保鲜？也许其他烘焙产品可以与兼容包装一并出售。消费者可能愿意为满足其需要的解决方案进行多余的消费。因此，当你将现有的产品商品化的时候，你就已经以实现增加市场的目标将它“带入市场”了。

将创新带入市场

正如你可以推动市场的产品，你也可以拉动市场的产品。

我们来看一下玩具和糖果历史上的四位企业家的例子。他们认为自己的竞争优势在于可以创造小巧、便宜、电池供电的小装置，就像他们的 Spin Pop 电动旋转棒棒糖一样。为了在 1998 年找到新的创业机遇，他们在沃尔玛超市的过道推着购物车四下观察，希望将销售中的昂贵设备转化为廉价同类产品进行出售。当他们看到电动牙刷货架上大部分产品售价在 100 美元左右的时候，他们感到十分震惊——这些产品的工艺丝毫不比他们的旋转棒棒糖复杂。他们决定“创造售价为 6 美元的电动牙刷”。他们的 Spinbrush 电动牙刷成为了 2000 年最热卖的牙刷，超过任何同类产品，他们最终以 4.75 亿美元的天价将这项业务出售给了宝洁公司（图 2—3）。

遵循他们的方法，罗列出已有的产品或服务，然后想象出更加廉价的版本，这些廉价的新产品将会为你带来同样的效益。

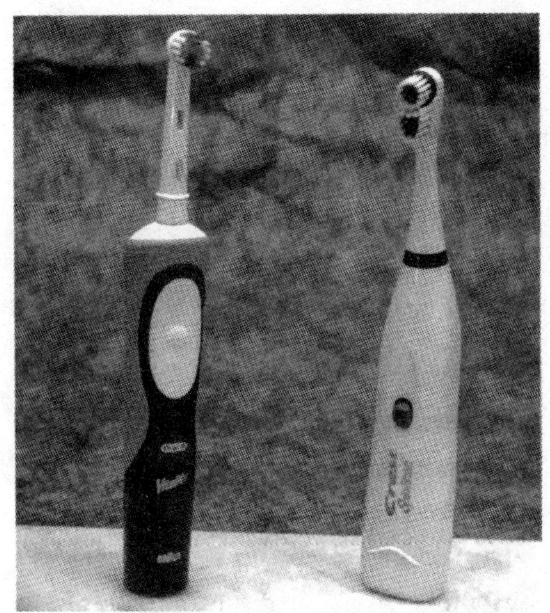

图 2—3　博朗电动牙刷与 Crest Spinbrush 旋转牙刷

注：在 1990 年，这支博朗电动牙刷售价在 50 到 100 美元之间，而旋转牙刷的目标售价仅在 6 美元。

如果一项产品或服务只为产业或商业客户提供的话，那么就将创新带入市场吧。这样你可以将产品“商品化”。通常来说，创新者将产品或服务带给有需求的、对价格不敏感的人群，尤其是商业或产业顾客。这些初始的创新者可能因为缺少研发消费者版本的资源或者兴趣，而错过重大的机遇。

你可以观察一项基本只提供给产业、专业或商业市场的产品或者服务，然后去展望消费者版本来探索这类机遇。比如，能源服务咨询仅限于商业市场，他们为他们的客户支付水电费用，帮助客户提高能源效率，与客户共享节约的能源。很多业主每个月的水电费也接近 1 千美元，为什么不在家庭中使用能源服务模板？

趋势驱动下的创新

技术、人口或社会规范的变动经常创造创新机遇。以无所不及的移动电话业务为例，它促生了大量各异的信息传递服务。美国激增的西班牙语人口也促生了大量新的西班牙语媒体。成长中的环境认知为绿色产品与服务创造了市场。我们再次说明，**探索的方式非常简单：罗列社会、环境、技术或经济趋势，然后去构想可能由这些趋势所促生的创新机遇。**

基于属性的创新

营销者通常根据产品属性来看待产品和服务——比如汽车，会考虑燃油经济、风格、速度和乘坐质量。你可以通过考虑金（Kim）和莫博涅（Mauborgne）在《蓝海战略》（*Blue Ocean Strategy*）中提出的这些问题来区别不同产品的不同机遇：

- ◎ 哪些被认为是行业需要的产品属性是可以消除的？
- ◎ 哪些属性可以被大幅减少？

◎ 哪些属性可以提高到大大超过预期？

◎ 哪些产业内全新的属性可以被引进？

例如，考虑金融服务业的创新属性。公司在寻求额外资金的时候借助于证券交易所。通常这意味着上市。当准备 IPO 时，公司可能在几个交易所中选择一个。从公司的角度看，交易所的相关产品属性包括所需的最低资本，股票、外汇交易服务以及交易所的威望。图 2—4 显示了纳斯达克在这些属性上的比例。这条曲线通常被称为价值曲线。

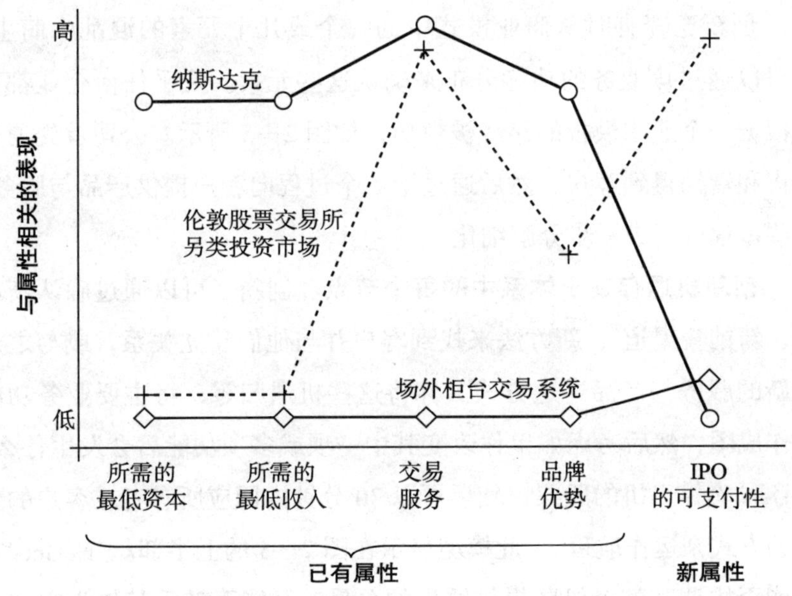

图 2—4　价值曲线

注：图 2—4 比较了三家股票交易所的五种属性。伦敦股票交易所另类投资市场强调 IPO 的可支付性，这是这类产品的新属性。

图 2—4 展示了金融服务世界一项新近的创新如何可以与纳斯达克相比。另类投资市场（AIM）由伦敦证券交易所创建。与纳斯达克以及场外柜台交易系统相比，另类投资市场并没有纳斯达克所严格控制的资本和收入要求，但另类投资市场提供相似的交易服务。由于地处英国这样一个证券法规比美国少一些的国家，公司要通过另类投资市场上市所需要支付的费用要便宜得多。另类投资市场的廉价股票交易为股票市场的竞争格局带来了很大的改变。

功能分解

创新竞赛有时从商业模式中的一个或几个元素的混乱中萌生。你可以通过该业务的功能分布来确认这些元素。几乎任何企业都可以根据一个通用模板的路线被效仿，如图 2—5 所示。公司首先通过销售和营销得到客户，然后通过第二个过程向客户提供产品与服务。这些过程可以进一步分解细化。

创新机遇存在于体系中的每个节点。创新者可以通过确认新市场、新销售渠道 、新方法来找到客户并与他们建立关系，或与之建立新的服务与产品递送方式。你将这些机遇归零，将主要业务功能制作成图，然后考虑如果你改变其中一项或多项功能后会发生什么。NetJets 卖掉飞机的股票，然后再以 30 分钟内回应所有者或客户的要求的方式来运作航班。（此模型显示在图 2—5 的上半部。）NetJets 究竟能否协调其整个机队提供航班的总量？又能否转手其作为空中出租车的服务能力（见图 2—5 的下半部分）？

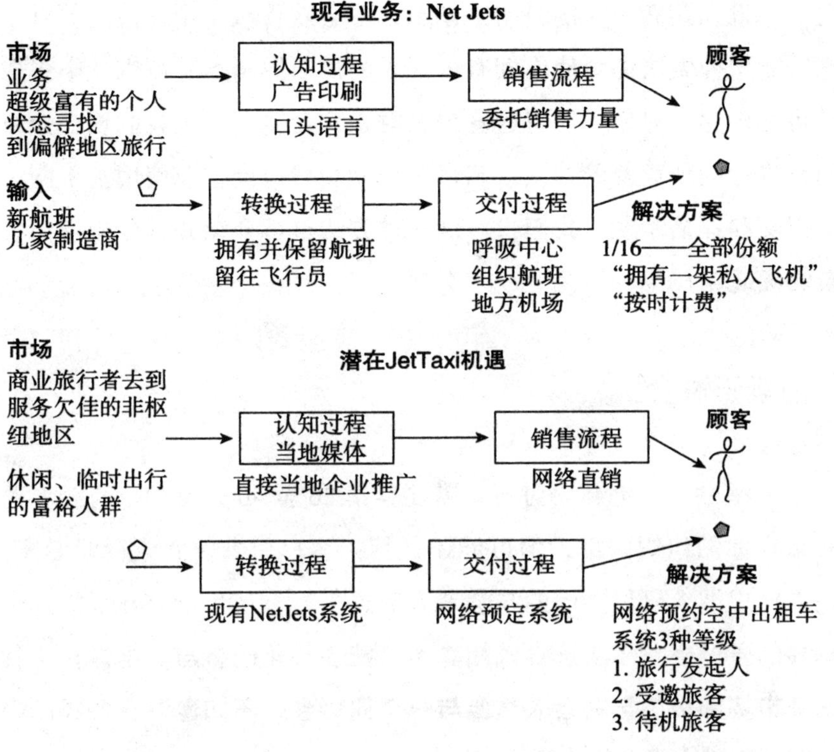

图 2—5　现有业务的衍生

注：图 2—5 的上半部分是现有 NetJets 业务的商业模型的高层次分解，包含 4 大功能。通过改变现有商业模型的一个或者几个功能，你可以创造一个新模型。在图 2—5 的下半部分，是一个以类似方式生成的机遇，即空中出租车服务。

构建竞赛前端

上一节所述的技术能够引领你和你的员工创造机遇。根据我们的经验，几乎任何人都能通过以下这些准则创造一些有趣的机遇。

聘请一批人花费一天的时间来创新，你会获得数十个，甚至数百个想法。这种做法将会使你拥有可开采的矿石原料，并可以从中提取难得的机遇。但你如何将这些想法融入到竞赛中去？我们现在介绍两种进行创新竞赛的方法：亲自参与创新研讨会，或使用基于网络的提交和评估制度。我们将对这两种方法进行介绍并且分析它们各自的优缺点。

创新研讨会

要举办一个创新研讨会，需要聚集 20 至 40 人参加。与会者通常来自你的组织内部，但可能还包括：客户、供应商或行业专家。如果你想纳入研讨会中的与会者人数过多，你也可以分开组织几个单独的研讨会。**你应该尝试招募尽可能多样化的参与者群体；与其邀请市场部员工与财会人员参与一个研讨会，不如邀请在各部门中任职的不同人员参加研讨。**

在研讨会开始时，定义你正在寻找的机遇的范围并解释为何寻找此类型的机遇。例如，你可以向与会者解释，你始终在寻找能够帮助你的品牌变得更加环保的机遇，因为环保如今已经成为新兴客户需求；或者你可以提出希望寻找可以将业务拓展到中国的机会，因为中国市场在飞速成长（参看第 5 章，其中更加详细地讲到如何定义竞赛的范围。）然后，宣布该研讨会的目的是要确定很小一部分特殊机遇。

对于研讨会来说，要为与会者提供一些想法生成工具并为所有与会者提供足够的时间。我们曾用短短的一个小时成功地举办过研讨会，但你也可以花费数周时间，每次把几个小时花在不同的会议中。

在会议开始时，要求人们花 10 到 20 分钟的时间生成他们自己的想法。然后将与会者每 4 到 5 个人分成一组。每个小组要生成更多的机遇并且要理清思路、阐明观点直到一套完整的机遇产生。小组要完成他们的工作，就要将每个机遇单独总结到一张纸上或挂图上。（第 4 章将介绍如何在研讨会模式中组织、评估和淘汰这些机遇。）

基于网络的提交

另一种研讨会的方式是在网上进行提交和评估。我们已经研发出一种基于网络的软件工具，称为 Darwinator，用以管理创新竞赛的初期阶段。本书读者可以通过我们的网站使用该软件。你也可以使用自己的网络文件共享系统和调查工具。

我们设计的 Darwinator 允许任何参赛者提交机遇——如果需要的话，还可以包括标题、描述和设想。该接口可以确保匿名性，尽量减少办公室政治的影响。你可以给员工设定一个最后期限，让他们提交自己生成的机遇。**我们发现以 5 到 10 个机遇为目标会刺激员工参与的积极性。**时间的长度可以被定为一到两周。本书第 4 章将探讨如何评估这种方式提交的机遇。

管理个人和群体的创新能力

有些人的创造性似乎与生俱来，他们热衷于创造机遇；其他人则感到比较勉强，不太愿意参加创新程序。这里有几个方法可以让你的员工中参与的人数达到最多。

有创造性的少数人

你可能会轻易发现，在你的组织中，不同人的演唱或网球水平十分不同。这同样也延伸到创新领域，即每个人定义特殊机遇的能力也不同。

作为我们研究的一部分，我们研究了 47 名正在协作创造新商务的沃顿商学院高级工商管理项目经理所定义的机遇。这些经理平均每个人有十年的工作经验。我们请他们每个人通过 Darwinator 提交大约 5 个独特的商业构想。每个参与者还评估了大约 100 个由其队友提供的机遇，按照 1 到 10 对它们进行评分。Darwinator 将这些意见平均化，以产生最终的机遇质量评估。

图 2—6 是由该团队创造的机遇质量评估的直方图。黑色代表组内前 25% 的人所生成的机遇——基于他们生成的机遇的平均质量。你可以看到排在前几名的机遇，正是架构于他们的平均想法质量并且集合了所有最好的想法。（正式的数据统计分析表明，人与人之间的不同造成了机遇质量的差异。）我们不知道这些机遇的差距究竟是源于才能、努力还是使用的工具的不同。然而毫无疑问的是，如果

员工能力之间的差距始终悬殊，那么你应当将精力着重花费在汲取最佳创新者的创新努力，而不是用在向不擅长创新任务的人不断施压来取得勉强的答案（但这些人也许拥有其他方面的特长）。

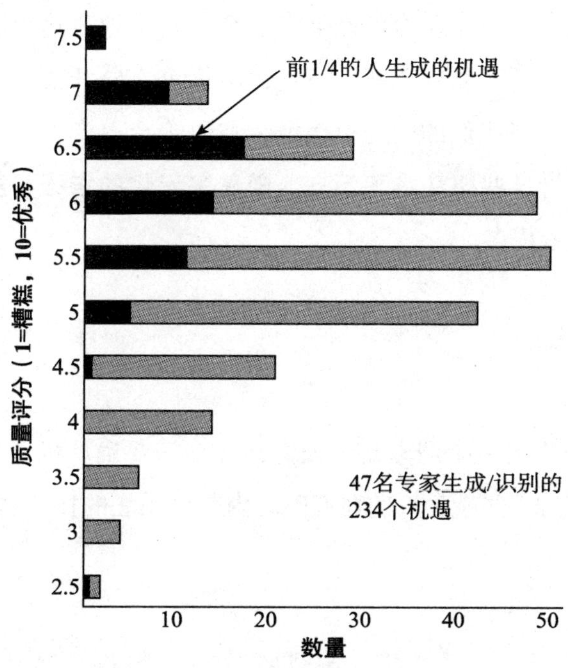

图 2—6　由全部专家生成的机遇与（黑色）前 1/4 的成员生成的机遇的质量分布

团队协作

正统商务学表明，生成新构想的最佳方式是将人集结成组，然后进行头脑风暴。但数十项研究表明，如果目标是要产生很多想法，那么其实人在独立工作时取得的成果要远远优于团队合作？我们的研究表明，在投入的每个时间单位内，个人工作生成想法的效率相较于同样的人但以组为单位进行工作的效率要高出 3 至 7 倍。

这是为什么？在传统会议上人们侃侃而谈，而这却成为了一个瓶颈。同样的，团体动力可能会抑制个人自由地表达想法：有的人出于害羞，有的是受到恐吓。不过，尽管个人分开独立工作将生成更多的想法，但我们的研究也表明，在讨论会上产生的想法更加多样化——尽管这些想法良莠不齐。**随着多元化的增强，发现特殊机遇的机会也就更多。**

期限和交付

群体协作的一个弱点是，人们往往在需要确认机遇的时候拖沓倦怠。以下是一些鼓励人们在期限之内交付想法的技巧。

◎ 使用在线提交工具。你可以使用我们已经提到过的 Darwinator，你也可以找到其他在线工具或者创造你自己的工具。依据我们的经验，当我们要求人们在期限内通过网络提交机遇的时候，效率一般会大大提高。

◎ 安排研讨会。事实上在工作场合，尤其是大公司，个人很难找到时间独自工作并生成想法。创新研讨会的一个优势在于你可以为生成创新机遇明确地单独安排时间，而不是把时间都浪费在电子邮件和电话中。你甚至可以邀请员工参与研讨会，然后立刻要求他们在规定时间内独立工作。

这也许是让人们为完成任务花足够的时间的最佳方式。

◎ 数字目标。在规定个体工作的时候，制定要生成的机遇的具体数学。这个数字会依据所在领域而定。如果是征求产品或公司名称，你可以要50到100个，但对于新的商业模式，你可能只要3个。你的目标可以被用于不同阶段。我们有时请人们在第一次会议中生成10个机遇。然后我们要求他们在下一次会议中再生成10个机遇。这比一开始就生成20个机遇要容易得多。

◎ 模板。我们使用一个单页模板来总结构思，模板中包含地区标题、草图和说明。当面对这样的模板时，个人更加倾向于填写出所需的元素。表格的一个特点就是促使人们主动在空白处填写内容。模板不只在于刺激个人和群体提供更多的想法并作更多准备，同样也有利于规范比较描述。一个设计良好的模板可以被贴在会议室的墙上，为机遇提供一个良好的展示机会。

本章小结

组织生成的半数机遇都来源于内部创新。因为机遇是成功的创新竞赛的关键元素，所以推动你的机遇生成至关重要。

本章提出一些可以帮助你提高的技巧，我们的网站也提供了其他辅助工具。在下一章的探讨中，你需要将内部生成的机遇与来自公司外部的机遇相融合。请记住，你的竞赛中的机遇基数越大，你得到特殊机遇的赔率就越高。

机遇由人创造，而不是由机器。人是难以预料的，更是难以捉摸的。有些人创造机遇的能力比别人强很多。试着找出你的最佳人选并且对他们的工作进行投资。促进想法产生的工具包括在线提交、模板和数字目标。

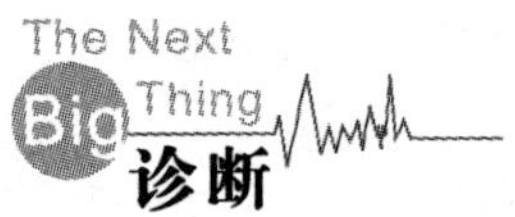

诊断

- 你认为机遇中的哪几部分应该由你的员工在内部生成？
- 你是否找出了你的机构中特别擅长生成新机遇的少数精英？
- 你是否对你的员工进行过生成机遇的技巧方面的培训？
- 你和你的员工是否经常投入时间和精力来生成机遇？
- 你如何构建竞赛前端来捕捉内部生成的机遇？
- 你在机遇的生成过程中采用什么样的模板和其他管理技术？

第3章

INNOVATION TOURNAMENTS

惊喜就在你身边：寻找外部机遇

梅特舒兹偶然间在泰国品尝到一种能够驱散疲劳的饮料，他略加改造后将饮料推向世界，创造了超过35亿美元的惊人销售纪录，这种饮料就是红牛。只要仔细观察，创新者就能从周围的环境中觉察机遇。

创新工作广泛开展于微软、辉瑞和本田这样的大牌企业以及上海和硅谷这样的新型企业地区。他们努力改善他们公司的竞争前景。但创新机遇同样也存在于公司之外的地方，比如大学实验室或者爱好者的车库。因此，除了内部生成的机遇外，追求创新的公司也应当对外界机遇保持警觉。

我们来看能量饮料红牛的成功故事。奥地利企业迪克·梅特舒兹（Dietrich Mateschitz）在2007年推出的含咖啡因听装甜味饮料创造了超过35亿美元的惊人销售纪录（暂且不提两届F1方程赛和足球俱乐部对该产品的使用）。但他本人并不是该饮料的发明者，他只是找到了它。这项产品的原配方是由名叫TC制药集团的公司在泰国用“克拉庭·达恩”的泰语名字进行销售的。卡车司机、建筑工人、农民和其他超时工作的人喜欢喝这个饮料来驱散疲劳。

梅特舒兹曾在泰国的一家德国牙膏公司工作。他在一次到泰国的旅行中尝到了“克拉庭·达恩”饮料并且发现自己的时差困扰不治而愈。在1987年,他对配方进行改造,增加了更多碳酸并削减了甜度来使其更适合奥地利人的口味。销售结果一鸣惊人。梅特舒兹的公司现在已经跻身饮料业巨头行列，只有可口可乐公司和百事可乐公司才是他的对手。

和梅特舒兹一样，**成功的创新者需要仔细观察他们所在的环境，从客户、供应商、竞争者、大学和公司那里觉察机遇**。本章将帮助你做到这一点并帮助你了解外部生成的机遇何时最为重要，以及如何设立感应机制以帮助你识别它们。

当外部创新最重要时

航空业的创新需要专家技术、大型开发团队以及大量资金；而零食的创新需要的只是一个家庭厨房。创新所需的最低规模有助于确定创新究竟应在内部进行或至少将部分放在外部进行。

波音公司的团队达数千人，开发波音787梦想飞机的商业机身的成本就在数十亿美元。波音可以自信地认为，当代的莱特兄弟没办法在车库里创造出可以跟波音竞争的飞机。可口可乐公司则正相反，他们没有办法高枕无忧，因为像红牛这样的竞争者随时都可能从任何地方冒出来。

在某些领域，创新需要深厚的专业知识，但只需要少量的资金。以外科医生为例，他们创造了很多骨科设备，包括泰勒空间固定架。对该需求的认知需要大量的专业知识，但创造解决方案只需要基础机械设计和制造所需的一点投资。

许多以网络为基础的创新同样需要行业专家，而不是数十年的经验或大桶的黄金。

前PayPal员工查德·赫利（Chad Hurley）、陈士骏（Steve Chen）和乔德·卡瑞米（Jawed Karim）创建了YouTube网站。他们在2005年年初只用了几个月的时间就设计了基本网站，在网上传播视频，推出后就找到了风险投资。在这个所谓的网络2.0世界里，软件企业最大的花销无非是租用台式电脑，买一大摞披萨，外加无限的红牛饮料。

如果你在一个资源与知识密集型产业，例如波音（即该产业要求的最小规模依然十分庞大），那么在一定程度上，你的公司是受到保护的，不受任何创新散户或者车库爱好者的威胁，而你可以减少对发掘和浏览行为的投入。你可以更专注于内部生成机遇并减少对外部的关注。但如果你所在的领域类似YouTube，那么你必须对任何由已知参赛者的核心小组之外的创新者发掘和扩展的机遇十分敏感。

图 3—1 阐述了与创新所要求的资源相关的两个主要方面。图的右侧是最小要求规模依然庞大的工业，这些大型企业被保护，远离创新散户。如果你发现自己处于图的左侧，那么你就要小心了。图的左上角，新机遇最容易由研究室或大学的高技能专业人员制造。在图的左下角，你可能会发现你的下一个对手正在一个小酒吧或者家里的厨房里练手。

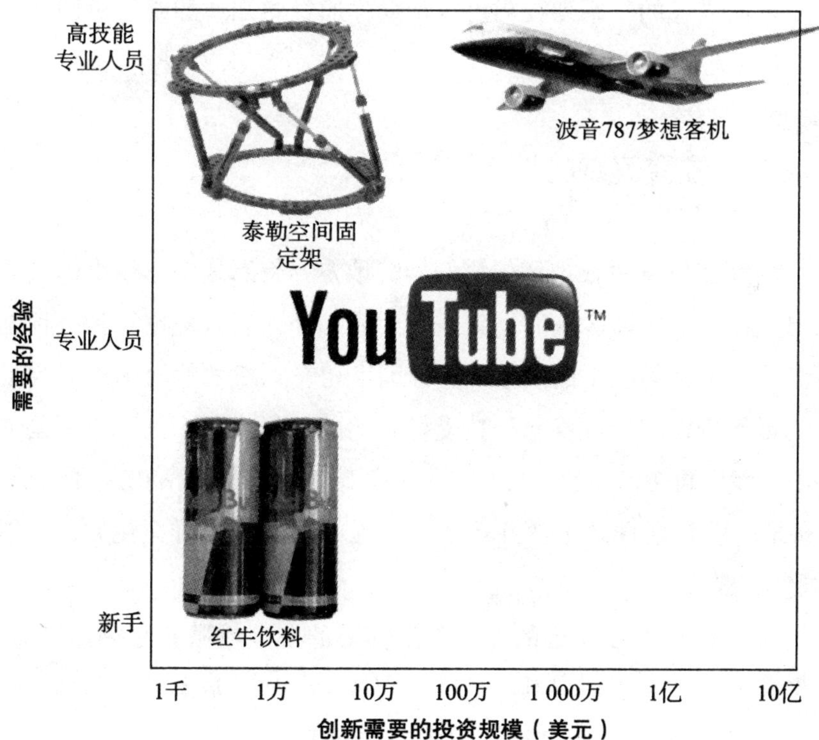

图 3—1　与创新所需资源相关的两个主要方面

去哪里感知外部机遇

感知外部机遇要求你仔细扫描你周围的世界。机遇不可能从天上掉下来。在这一节，我们讨论让你做到这一点的方法。通常当你确认外部机遇后，你会用内部生成的替代方案进行跟进。再回到红牛的案例上。梅特舒兹感觉到了外部的初始机遇，但他同样也根据奥地利当地市场改善了口味——这个过程可能包含了可持续的内部生成努力。

下面描述的一系列技巧可以帮助你通过感知你的组织机构之外的创新活动来创造机遇。

从地理位置偏僻的地方引进创新

创新往往发生在地理位置偏僻的地方，特别是常由很小的公司推出。将一个地理区域的创新迁移到另一个地理区域也算是一种创新。我们还记得红牛的故事——泰国出租车司机的饮料最终成为了纽约银行投资家和硅谷高科技爱好者们的饮料。这个例子绝不是唯一的。我们再来看星巴克的例子——创始人霍华德•舒尔茨（Howard Schultz）就是在拜访米兰并迷恋上当地的咖啡和咖啡文化后，开创的星巴克连锁。

你可以通过在遥远的地区确定优秀的产品或服务来感知机遇，并考虑如何使它们适应其他地方的市场。例如，日本的口罩如何防止病毒的扩散？电动自行车租赁系统怎样遍及奥斯陆（OLso）和巴黎？

辨认拥有具备拓宽市场潜力的特殊产品的小公司

小公司可以将大公司所忽视的盲点进行开发并发扬光大。这些特殊之处可以支持一个机遇的发展并且已经将大部分风险与不确定性扫清。有时，一个小小的创新闪光点可能会适合更加庞大的市场。

加利福尼亚的名叫 Gyration 的小公司为电视遥控器开发了手动传感器。游戏公司任天堂在发现该技术后立刻将之运用在 Wii 视频游戏的遥控器中，这比 Gyration 公司在创新时所拟定的小市场（图 3—2）要广阔得多。Wii 获得巨大的成功，在 2007 年末销售了超过 2 000 万件。

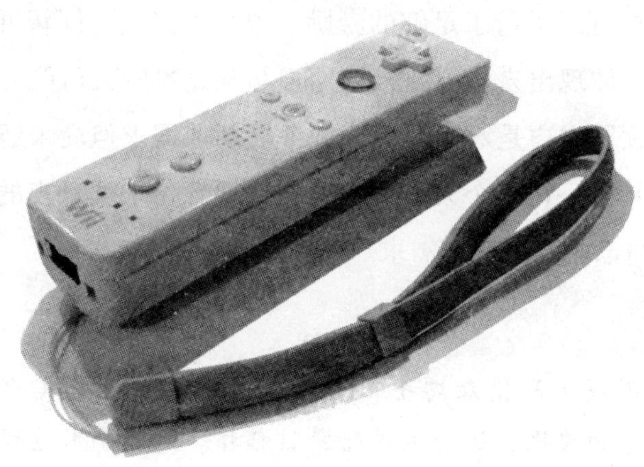

图 3—2　Wii 游戏系统的遥控器

从全行公司中摘樱桃

大公司往往通过逐步增加产品来成长。这样做的结果导致他们中的一大部分都背负着繁冗的产品线和棘手的供应链，需要复杂的生产系统来支撑运转。如果竞争对手只生产一种产品，但却投放在了最富饶的市场上，它的成本就可以大大削减。产品可以源自第三方，这样可以降低固定成本并使价格具有吸引力。已建立的公司无力反击因为他们无法放弃全行战略。这就是游击队惯用的做法：**找到一个多元化并且夜郎自大的公司，然后用一个更加吸引人的价格出售它的明星产品或服务。**

辨识领导用户并学习他们的创新活动

企业对创新进行了足够的激励。说得直接点，创新可以直接从新的盈利中体现出来。但是领导用户与独立投资人可能有更好的激励方式。领导用户是对于产品或服务有超前需求但尚未遇到能满足其需求的其他公司或个人。他们要么需要忍受未被重视的需求，要么就通过自己创新来强调需求。

莉莲·阿伦森博士（Dr.Lillian Aronson）是宾夕法尼亚大学的兽医，她为猫进行肾脏移植。她的手术过程比较新，而她所在的市场也很小，现有的手术工具很少适合该手术。阿伦森博士需要在不适合的工具和亲自进行发明之间做出抉择。如果她发明了有用的工具，那么她就为现有的公司提供了一个可以用来进一步开发的创新机遇。

倾听独立发明者的想法

独立发明者同样创造新的解决方案。他们的动机各不相同，往往并非出于简单的钱财打算。阿斯特博（Astebro）对由独立发明者完成的大约两千项发明进行了研究，发现他们的发明大多是赔本的，甚至以团体为单位所拥有的发明，发明者也在赔钱。为什么人们会花时间去做赔钱的买卖呢？

他们可以是业余爱好者、大胆的乐观主义者，甚至是“彩票控”。他们对这些得到巨大收益的机会很渺茫、难以通过数学推算出公平等式的游戏十分着迷。不管他们的动机如何，独立发明者依然在很多领域辛勤劳作着。大部分的努力不会导致成功的创新，但小部分发明者会试图将未知需求与已知解决方案联系起来。这些联系会为现有的公司提供发放许可证或者收购的机遇。

你可以通过参加在线社区来寻找独立发明者。例如，我们在以网站为基础的创新社区“寒武纪”发现了 SpoilMySpouse 网站这个机遇（见图 I—1）。这个网站和其他网站都是用来给独立发明者发布、探讨和改进他们所研究的机遇的。

和大学合作

第一个大型数字电脑的发明诞生在宾夕法尼亚大学，离我们现在写这本书的地方只有四个街区。如今的宾夕法尼亚大学成为医学和其他领域的很多商业创新的来源。很多主要的研究类大学成为机遇层出不穷的温床，成功案例包括谷歌（斯坦福大学）、健赞公司（Genzgme，麻省理工学院）等。其中的一些机遇来源于系里面主导的研究，尤其是在生命科学方面；其余则来源于希望通过上学为他们的生活和事业带来新方向的大学生的灵感。和这些大学共事通常可以采用多种方法，你可以招募实习生或者员工，资助新产品设计和商业计划竞赛，参与研究财团和参与校园会议和活动。

为感知外部机遇创造渠道

俄罗斯飞行工程师维克托•杰耶夫（Victor Gordeyev）想要让奔跑与弹跳变得轻松，因此他开始构思，将微小气动力发动机和棍状活塞进行融合制造靴子。他的发明与其说是靴子，不如说像一副高跷。穿上这双鞋，奔跑者的速度可以达到每小时35千米（见图3—3）。但是俄罗斯军方很快声称鞋子是他们发明的，并作为一个秘密文件搁置多年。他们在20世纪90年代中期将其解密，企业家试图将其商业化，但未能成功。

图 3—3　由独立发明人维克托·杰耶夫创造的汽油动力靴

诚然，汽油动力靴是有缺陷的——发动机可能熄火、奔跑者奔跑时可能失去平衡，但它们依然是在运输领域工作的创新者们应当注意到的极端机遇。请回忆我们在引言部分所讲的，你增加特殊机遇的方式可以是:（1）提高你的机遇的平均质量,（2）增加机遇数量,（3）增加机遇质量的多样性。如果汽油动力靴不是一个“多样性”的想法，那还有什么是呢?

因此我们转到感知任务上，即找到杰耶夫的汽油动力靴这种新想法。我们特别介绍四种感知外部机遇的方法：被动接受、主动扫描、社会交流与创新竞赛。

被动接受机遇

如果你所在的领域有成千上万的天才在等待伯乐，你只要简单地宣布你的需求，然后坐等汹涌而来的答案提交即可。例如，首轮资本（First Round Capital）是企业中声誉一流的早期投资资金，这一点体现在流行的网站 TheFunded.com 上的评级中。因此，该公司每周都可以收到几十份不请自来的商业计划书。（然而，每一位风头正健的投资资本家都会说，虽然他们审阅他们被动收到的每一份建议书，但他们依然需要主动工作来挑选出最佳的机遇。）其他的几个领域则是买家市场，包括电影音乐和专业体育运动。如果你不在这些领域之一工作的话，你依然可以通过向外界征求意见书受益，但你不能将其作为你唯一的机遇来源。

主动扫描沟通渠道

记者、博主和会议组织者都参与感知机遇的工作。尽管他们的观点是提供给大家的，但你却不能忽视他们所揭示的机遇。因此，你的组织中的一些成员应当积极地扫描与你业务相关的各个渠道。表 3—1 列出了沟通渠道，可以用来确定互联网提供的消费产品和服务中的创新机遇。当然，心脏病学的机遇也可能需要通过非常不同的渠道识别，其中一些在表 3—2 中列出。

表 3—1　　在网络服务中识别机遇的传媒渠道实例

平面媒体	网络媒体	事件
《纽约时报》	Technorati.com	TED
《华尔街时报》	SocialComputingMagazine.com	消费者电子展
《连线》	Lifehacker.com	
《商业周刊》	Knowledge@Wharton	
《财富》		
《公司》		

表 3—2　　用来识别心脏病学的机遇的传媒渠道实例

平面媒体	网络媒体	事件
《新英格兰医学》	Acc.org	ACC年度科学会议
《循环》	Cardiosource.com	ACC i2提交
《美国心脏病学会期刊》	Medbioworld.com	
《欧洲心脏日报》		
《科学》		
《自然》		

参与社会交流

另一种增加你的感知热度的方式是确保你的公司雇用或者留住那些拥有你所需要的社交人脉的员工。请看图 3—4 所示的发明家社交圈。两个守门人将其他的发明者群体联系到了一起。在这张人际社交网中，人们更愿意雇用那两名处于关系节点的工程师而不是在边缘的人。**在几个关键节点的个人可以连接数个群体，并提供有效访问整个社交网络的机遇。**

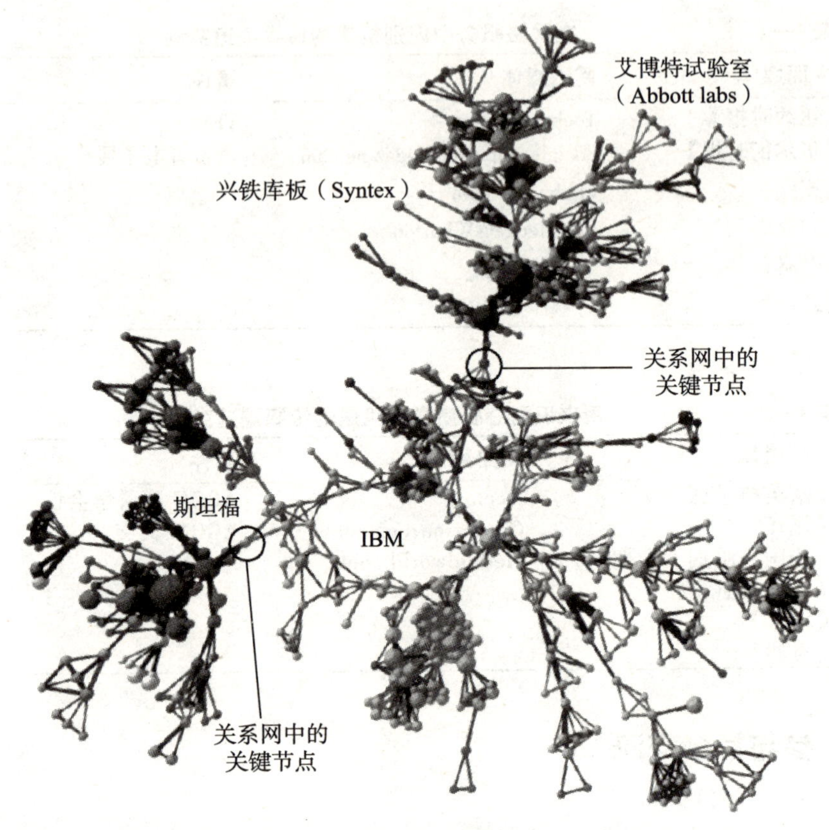

图 3—4　1990 年的发明人关系网，
网络中关键节点的两个人联系了分散的组织

各种社会机构也能促进创新者之间的沟通。这些机构的某些部分可能在职业生活中并不相关。在硅谷，板球和垒球联赛被称为创业活动的温床，在促进思想的交流，为企业带来新投资机遇方面起到了关键作用。

创新竞赛

还有一种在创新竞赛中寻找机遇的方法。在创新竞赛中，个人或团队提交计划或原型，由专家进行专项审查，有时还要借助用户面板的帮助。评估人员对原始构思或早期原型分级。

电视零售商 QVC 公司的产品路线就使用此方法。它访问了美国的 10 个城市，每年筛选新产品。办公用品零售商史泰博同样鼓励消费者提出产品建议。作为回报，如果该公司采纳了他们的想法，创作者就会收到使用费。这是一个双赢的局面。史泰博得到便宜的想法，而其最有创意的客户赚取了外快。图 3—5 显示了该公司以这种方式推出的三种产品。

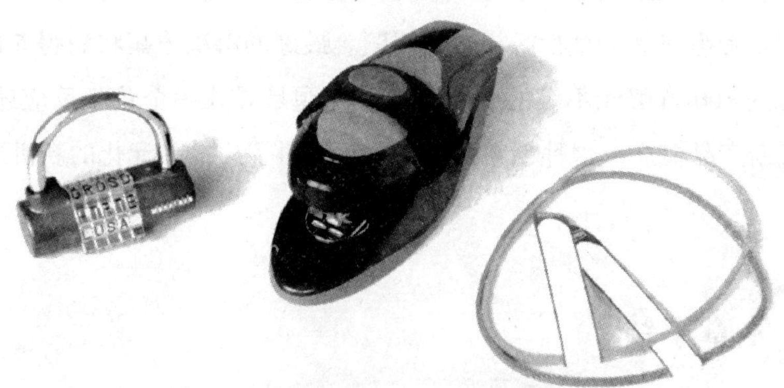

图 3—5　史泰博依靠外部机遇生成的产品：字母锁（左）、带扣订书机（中）和橡皮圈（右）

即使是美国政府，也使用创新竞赛。美国国防部高级研究计划局（DARPA）引诱发明家加入其用来探索火星表面自主机器人车辆

（ARVs）的大奖赛来开发其他用途，并提供奖金。在 DARPA 2006 年的挑战中，大赢家收到了 200 万美元。DARPA 通过这种举措来为原本需要费很大力气进行内部开发的 ARV 创新收集到了想法。

这种竞赛可以快速廉价地从多元化的创造者处得到海量的想法，然后由专业开发团队对这些想法进行提炼并通过传统市场调研进行测试。比赛还经常引发发明家非金钱方面的动机，比如向其吹嘘其让一项发明变成商业产品将会获得的权利与奖项。很少有人能宣称，他们的思想已经走上了火星表面。更重要的是，比赛的参与者往往缺乏资金支持和进入资本市场的捷径，因此他们在自己持有该发明的情况下，通常无法受益于他们的创新带来的可观成果。

意诺新公司专门组织创新竞赛以求为广泛的商业环境服务。它允许企业、政府机构和非营利性组织发表与研究和开发由世界各地的创新者组成的大型社区相关的问题。最好的解决方案将获得 5 000 美元到 100 万美元不等的奖金。无论问题是寻找一个化学反应还是寻找新产品概念，这种创新竞赛方式都提供了广泛多元化的新机遇。

本章小结

寻找特殊机遇要求创新过程充满丰富而充足的原材料。只要能达到创新竞赛的目的，机遇究竟源于内部还是外部并不重要。但如果你在一个创新成本很低的行业，那么从外部感知机遇就成为必修的功课。打入独立发明者的交际圈可以成为收获机遇尤其有效的方式。如果他们是爱好者，他们可能会追逐最不实用的想法，但这对他们来说无所谓。他们追求的是激情而不是效益。

外部机遇可以在很多地方找到，包括遥远而偏僻的市场、拥有复杂产品线的公司、领导用户和大学。充分利用它们。

控制感知事物的时间。从《华尔街日报》的头版有所觉察是容易的，在泰国出租车里感知机遇则很难。因此，尽量在最有利的机遇还很弱小的时候发现它。要做到这一点，你必须仔细用心聆听。

本章探讨了及时感知尚在雏形期的外部机遇及其相对微弱的信号的几个方法：被动接受机遇、主动扫描沟通渠道、参与社会交流以及创新竞赛。所有这些努力会带来机遇被认知的可能性，为你从内部生成中得到的内部机遇添色不少。参赛者已经各就各位，是时候进行第一轮淘汰赛了。

诊断

- 机遇来源于哪几个方面？客户、竞争产品、合伙人、独立发明者、分销合作伙伴和公司内部结构探索都能带来机遇吗？
- 什么是你的产业中创新资源的最小规模？它对专业

知识有多少需求？机遇扫描又来源于何处？

- 在你的行业中，提供相关机遇的信息渠道都是哪些？谁在扫描它们？
- 在你的领域内，哪些小公司活动踊跃？你和他们之间有联络和关系吗？
- 你有接受外来创新的政策和机制吗？
- 你有没有考虑过进行一次创新竞赛来刺激公司外机遇的创造？

第4章

INNOVATION TOURNAMENTS

淘汰是必要的：筛选机遇

为了在234个机遇中找到最佳机遇，47名资深项目经理按照以下程序进行筛选：第一轮，用网络系统评分；第二轮，召开创新研讨会讨论；第三轮，在不完善的信息和客观标准以及数据的基础上完成主观与客观的决策。一个良好的机遇甄别程序应满足两个条件：效率和准确性。

英国伦敦作为2012年奥运会的东道主，对于金、银、铜牌有着强烈的渴望。在近几届奥运会赛事中，英国都跻身奖牌榜前十名，但他们对此并不满足。因此，在2006年，英国奥林匹克协会宣布开展一项运动来增加该国的奖牌数。伦敦发出“20–4–2012”倡议，即取得20枚金牌、总排名第4的成绩。他们对150万名英国儿童进行评估，这些儿童的年龄从11到16岁不等（在2006年），并从中选拔出最具运动天赋的儿童备战奥运会的比赛，例如柔道、羽毛球、赛艇等。

在第一轮遴选中，评估人员比较了每个孩子的生理数据，从中获得了所有奥运休育健儿的理想特性。例如篮球运动员通常胳膊很长、身材高大，而赛艇运动员需要强大的心肺功能。最有希望的10万名候选人将被邀请进入下一轮评估，其中包括每天满满的不同的体育专项诊断。这群候选者将被淘汰至1 000人，然后开始由专业教练对其进行训练。

英国奖牌促进运动分享了企业技术创新的关键品质：**一个特定的个体可以通过每天付出辛劳汗水来增大夺金机会，但一个民族，就像一个公司，却拥有更加强大的杠杆，即所谓的选择。**一个精心设计的甄选过程将防止一个国家浪费其有限的资源将小精灵培养成为大力士。这样做十分有效。

本章的主题是筛选机遇，这是在遴选过程中从所收集的机遇中识别特殊机遇的第一步。这就是创新竞赛的资格赛阶段。

一个良好的甄别程序应包含什么？无论是英国对运动能力的评估，还是公司对创新机遇的甄选，一个有效的过程必须满足两个要求：

1. 确定必须要淘汰的机遇数量，它必须是行之有效的。这种鉴别，基于漫长讨论以及广泛数据收集所带来的不完善的信息，必须是便宜、快捷、有效的。
2. 它必须是准确的，尽管不确定性仍然为特定机遇的前景蒙上一丝阴影。

这两个要求，效率和准确性，是相互矛盾的。一方面，由于花费大工作量进行深入探讨，你更愿意把重点放在最有前途的机遇上；

而另一方面，你需要仔细研究所有机遇的细节以避免淘汰不应错过的机遇。

克服这一矛盾的最好方式是通过几个回合来评估机遇。通过一轮又一轮的淘汰赛，你可以逐步缩小机遇的范围。这确保你可以更加仔细地评估剩下的机遇。在第一轮淘汰赛中，你的淘汰必须十分高效。当机遇筛选到达最后阶段时，你将重点转到准确性上。这就是我们在引言中说的创新竞赛的结构。

让我们重温英国奥运会的例子，看你会怎样运用这个想法。可以利用电脑根据年轻运动员的生理情况来进行淘汰，节省了教练和孩子们的时间。教练或培训人员将会在第二轮甄选中出现，只需花费一天时间。这会为其第三轮的甄选提供足够资源，即顶尖选手的密集训练。机遇淘汰代表着导演拍摄电影、咨询公司征集新雇员，或专业运动队伍的选拔。

图 4—1 中总结了创新竞赛背后的逻辑。机遇进入图的左侧（见第 2、3 章）并经过几轮淘汰。最佳想法前进，接受深入分析，这一点会在接下来的章节中有所描述。很多有关创新和研发管理的书将此图看做“创新漏斗”。漏斗这个比喻其实不大合适。在漏斗中，所有进入的最终都会散尽。好的淘汰机制会淘汰很多机遇，将不好的想法屏蔽掉。相比于漏斗，它更像一个过滤器。

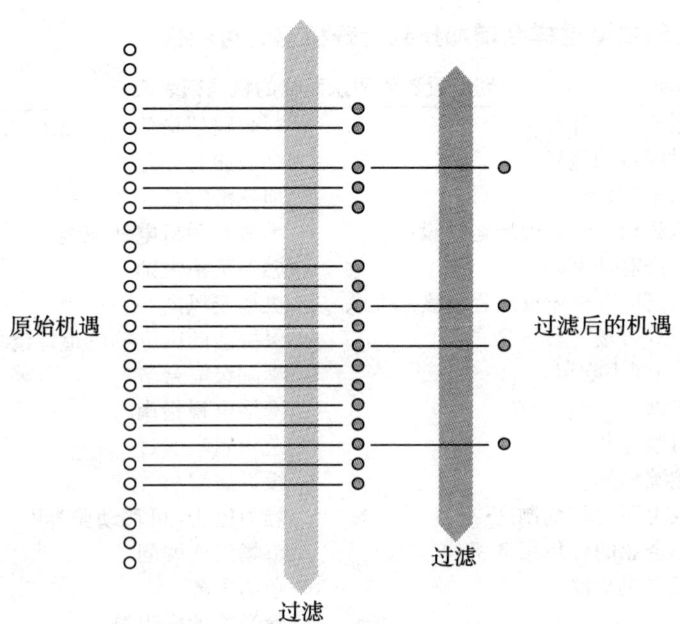

图 4—1　创新竞赛的淘汰阶段

注：创新竞赛的淘汰阶段应有能力处理大量的原始机遇。淘汰通常是分为多个回合，越来越多的复杂选择方式被投入使用。

在本章中，我们提出了三个过滤筛选环节。在第一轮中，我们强调效率，解释如何收集和使用网络系统投票选择机遇。在第二轮中，我们兼顾效率和准确性，向你展示如何运作创新研讨会。在第三轮中，我们的注意力转向准确性。在这一点上，你综合可行性和效益吸引力来综合评估每个机遇。

要培养坚决完成淘汰过程的意识，如表 4—1 所示。它显示了在第 2 章探讨过的，已创建的 234 个机遇的一部分。面对这样一个长长的清单，过滤效率必须成为重中之重，否则你就是在浪费时间。此外，**创建机遇是很便宜的，因此聪明的公司会收集大量的机遇，**

因为他们知道这样会增加找到特殊机遇的可能性。

表 4—1　　计划新投资的团队面临的机遇列表实例

网上服务专业评级	行政赔偿指数（“ECI”）
同行对同行的竞赛	终极旅行助理
智能泊车米表	加热滑雪杖
“杰里运动”——山地运动设施	零售业手机电话探测器
燃料价格对冲网站	燃油价格大师
“当然温度”——可编程温度水龙头	机场避风港
集中采购市场	保持您的网上购物追踪清单
恰特-印度小吃屋	学院级电台节目
教练培训	网络电视指南
体育门票分时	杂货驾车通过
家庭能源顾问	投诉或解决
公共卫生面对传统制药	魅力巴士-可移动美容顾问
针对小企业的外包服务机构	市场沟通顾问
人生规划模拟器	杂物服务
电话保姆	商学院的标识符
儿童服务网站——“父母帮助”	飞机约会
填满我的iPod（因为我没时间自己完成）	力士床单
手机门/车库门开启器	健康咖啡
应需育儿	一次性车罩
虚拟行政助理	印度商场食肆
印度地碳水化合物冰淇淋	重复密封软包装谷物
为多名听众的无线耳机	智能广告——我们知道你是谁
假期设计师	手机短信每日当地气温更新服务
在线电子教材	汽车顾问
串联伞车	每日一谜
适合PDA展示屏幕的网站	杂物服务——彩绘服务
教育超级测站	在线机场指南
声控汽车控制	每日菲多
多样招聘	观星
服务更换	全球影响计算
礼物顾问	手机电台

高效淘汰机遇：Darwinator

正如我们在第 2 章讨论的，你可以要求员工通过网络系统提交他们的想法，我们的网站中提供的工具是 Darwinator。一个基于网络的界面确保参与者不知道每个想法来自哪个作者，所以他们会根据机遇的实际质量来投票，而不是根据他们对其发明者的印象。如果你给人们几个星期的时间准备提交，那么你将会收到成百上千的想法。图 4—2 总结了网络创新竞赛的走向，在左侧展示了创新机遇的提交及评估，这将导向最佳机遇的选择。

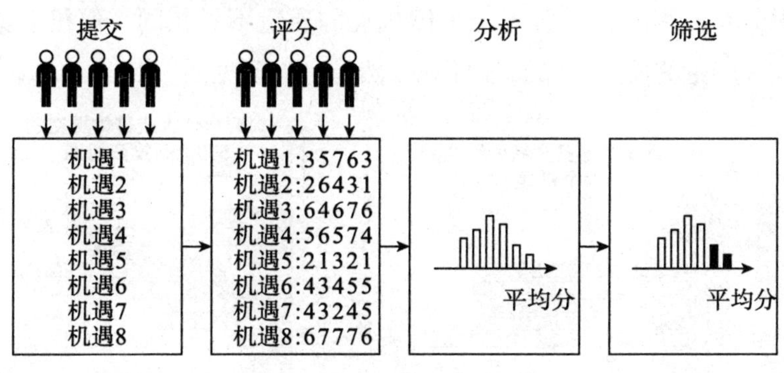

图 4—2　Darwinator 工具

在所有机遇提交完毕后，参与者为机遇评级。你将用两个阶段完成你第一轮的效率目标：

◎ 每个机会都被总结在一个网页上，所以每次评级所花时间都不超过一分钟，评分等级为 1 分（差）到 10 分（优）。

◎ Darwinator 允许你控制参加票选机遇的人数，并确保每个机遇得到相同人数的评估，通常每个机遇由 10 至 20 人评估。

我们使用 Darwinator 审查之前提到的 234 个机会，每 20 人评价其中一个机会，因此，我们收到了成千上万的评级。这种自动化的形式使操作变得容易。根据投票，你可以决定让哪一个机遇进入创新竞赛的下一轮。通常情况下，你应让平均评级高或者评级高度多样化的机遇入围，即该机遇得到的评价褒贬不一。**评分两极化的机遇是矛盾最突出的机遇，请记得，在创新竞赛中，矛盾是非常可贵的财富。**

正如你在图 4—3 中看到的，捕捉我们之前在书中提及的机遇质量的不同等级的钟形曲线，绝不只是一个学术思想试验。我们已经进行过许多创新竞赛（其中 4 个在图中显示），并从中观察到质量的钟形分布。因此，尽管每个个体机遇的质量不尽相同，但机遇集合过程中产生的质量分布整体外观依然是可以预见的。

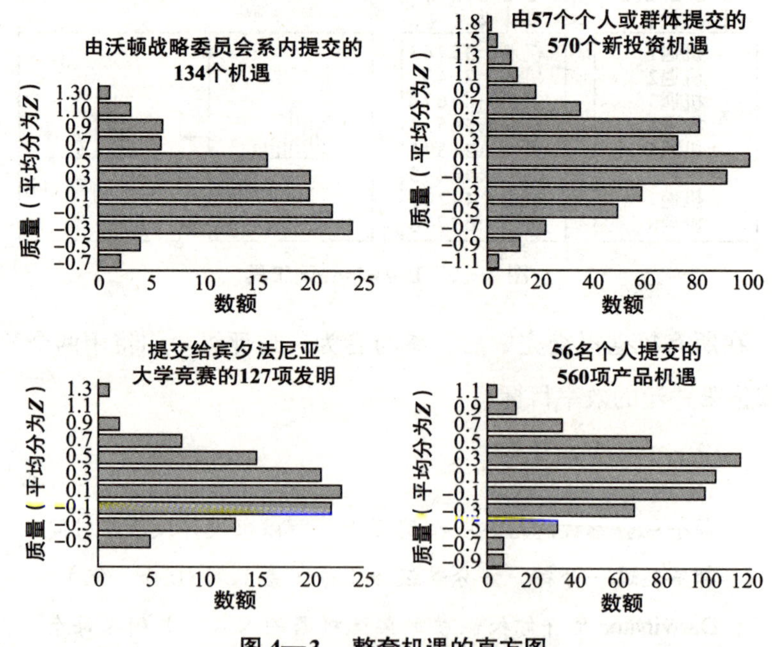

图 4—3　整套机遇的直方图

注：评分过程的结果是每个机遇质量的成绩，并可以用来创建整套机遇的直方图。纵轴是 Z 分数——每个机遇比平均值要好或者坏多少，在分布的标准偏离中有所显示。

均衡效率与准确性：创新研讨会

在第 2 章中，我们谈到了如何使用创新研讨会来产生想法。你也可以使用研讨会来评估机遇。通常，你要求创作者们将想法集结成组并通过 PowerPoint 幻灯片或海报来进行演示。**口头演示要比网页淘汰方式花费更多时间，但这样可以对机遇进行更加详细的阐述、使机遇得到更多人的评估，从而也就加强了评估的准确性。**

在这种情况下，潜在机遇的数量依然维持着很大基数，通常为 50 个或超过 50 个，因此演示汇报应严格遵循“2–1–0”法则。

◎ 两分钟个人演示，使用铃声来保证演示者守时。

◎ 如果需要的话，使用一页幻灯片或者一张海报来提供视觉支持。

◎ 不提问题、不作讨论。

这听起来困难，但如果你看过一个长达 20 页的介绍沉闷想法的幻灯片演示，你就会感激这种模式所带来的好处。此外，一旦进一步缩小范围，你就有更多时间进行探讨和辩论。

创新研讨会对于审查 50 个机遇来说是非常有效的。如果机遇数量超过 50 个，我们建议将竞赛分为几个子竞赛，然后让各子竞赛的赢家再次对决。此外，你也可以使用网页淘汰工具。

根据演示，你要求一组评级者进行投票。我们发现两种投票方式最为有效：（1）贴纸投票。使用纸质海报或每个机遇用一页幻灯片展示，每张贴纸算一票的方式。（2）电子投票。

使用贴纸投票时，你把机遇用挂图表格或者信纸大小的印刷品的形式张贴在研讨会房间的墙上。每个机遇应被总结成单独一张纸，投票者应有机会在会议开始前了解所有想法。在会议中，参与者用圆点贴（或类似贴纸）来进行投票。他们只要把贴纸贴在他们喜欢的机遇上即可。

至于每个参与者应该被允许选多少个选项，目前还没有正确答案。一个关键规则是，每个机遇所得的平均票数应为大约 5 张。比如 50 个机遇应得到总共 250 票。如果有 25 位参与者的话，每位应投 10 票。你可以限制你的参与者对每个机遇只能投一票或者允许他们反复投票给同一个机遇。**如果你允许个人对一个机遇的投票超过一次，你就给你的审议注入了更多激情。**

你应该邀请多少位参与人？要记得你的目标是迅速淘汰一半机遇。更艰难的决定还在后面，所以你不应该浪费同事过多时间，非要在此阶段就做到完美。相较于参与者的人数，更重要的是他们的多样化。他们应来自你的组织的不同部门。因此，**评估群组的人数控制在 10 到 20 人之间是较为常见的。**

贴纸投票的陷阱在于，有些人会坐等别人先投票，观察他们的同事都怎样选择，然后选择同样的机遇。为避免这一问题，你可以做的是留出一段“购物期”，让人们斟酌他们的选择但不必表达出来。如果你为每个机遇标上号码，那么参与者可以在决定期间在他们的贴纸上写下机遇的号码。从理论上讲，几乎每个人都可以同时贴出贴纸。

电子投票也可以避免参与者的从众心理。好几个软件商提供电子投票工具。使用这样的投票工具，你可以根据选项立即进行投票。如果投票主要是基于口头演示而不是总结机遇的海报或者幻灯片的话，这种方法效果很好。

电子投票也为你提供了数据，你可以进行模式分析。例如："我们的组织更倾向于欧洲的销售机会"或"这是一个让人们态度两极化的选项——人们对其褒贬不一。"它还提供平均分级的数据总结，例如对机遇投最高分的人数或者分级的多样化。

无论你采用哪种投票方式，我们建议你在组织创新研讨会的时候考虑以下几点：

◎ 检查分布。你可能想让一个平均得分并不突出但却有几位热心支持者的机遇晋级。强烈的观点往往指向特殊的想法。

◎ 确定热点。通过将相关机遇集结在一起来进行机遇分类，有时这种集结被称为热点。热点揭示了机遇创造者集中的侧重点并且可以预期在投票中可能出现的问题：比如，5个机遇几乎相同，只是通过不同方式演示出来，每个机遇得票都不高，因此它们可能遭到集体淘汰。但如果你把机遇和热点相结合，那么其背后的真实想法将可能得到足够的票数并存活下来。

强调准确性：根据标准进行淘汰

研讨会的投票充满乐趣，并且可以平衡效率和准确性。但是当你到达创新竞赛的后几回合的时候，你应该在不完善的信息和客观标准以及数据的基础上完成主观与客观的决策，我们在下面的例子中就是这样做的。一个人根据预定义的标准进行了主观评估；另一个人则使用一般业务标准的清单。

首先考虑表 4—2，这表明默克公司正在考虑进一步研发一系列化合物。默克将评分范围规定在 1 到 5 之间，5 为最高分。默克遵循 4 个标准：效能，安全，合适的战略和财务回报。在创建这样的一个表格的时候，你应该尽可能地创建一个指导方针，指出获评 5 分或被评为安全的机遇都包含了什么。这个例子中分数可能只针对化学和医疗性质。

表 4—2　　默克公司考虑进一步研发的化合物

化合物	指向	潜力与选择性（1～5分）	安全性（1～5分）	战略符合（1～5分）	潜在资金回报（1～5分）
A	呼吸类	3	3	2	2
B	呼吸类	2	2	2	2
C	呼吸类	2	4	2	2
D	肥胖类	3	2	4	4
E	肥胖类	2	2	4	4
F	肥胖类	2	2	4	5
G	肥胖类	1	2	4	5
H	抗抑郁	3	2	2	4
I	抗抑郁	3	2	2	4
J	代谢障碍	4	2	2	4
K	代谢障碍	2	4	2	4

续前表

化合物	指向	潜力与选择性（1～5分）	安全性（1～5分）	战略符合（1～5分）	潜在资金回报（1～5分）
L	心脏类	4	1	1	1
M	心脏类	3	2	1	1
N	心脏类	2	4	1	2
O	老年痴呆	2	2	4	2
P	老年痴呆	2	2	4	2
Q	帕金森氏病	2	3	2	4
R	骨质疏松	3	3	3	1
S	骨质疏松	2	3	3	1
T	疼痛类	4	3	3	2
U	疼痛类	3	3	3	2
V	疼痛类	3	3	3	4
W	艾滋病	3	1	1	2
X	艾滋病	2	2	1	2
Y	糖尿病	2	4	4	4
Z	糖尿病	2	3	4	4
AA	糖尿病	1	3	4	4
BB	糖尿病	2	4	4	4
CC	糖尿病	2	3	4	5
DD	糖尿病	3	2	4	5

注：默克公司考虑的30种基础化合物中的每项有4类评分：潜力、安全、战略符合与资金回报。为了信息保密，数据做了修改。

如果有的机会很难进行客观的评分，那么可以考虑聘请专家，请他们彼此独立地评估符合你标准的每一个机遇。然后，你可以比较他们的评分。

同样来看默克公司的情况，如果所有专家都给候选药物 Y（糖尿病治疗药剂）的效力打 2 分，那么在这阶段就没有必要进行进一步的讨论。如果他们不认同其药效，那么专家组就可以探讨这一特殊属性而不是浪费时间反复追问“我们到底该追求什么样的机遇？”而会议的项目议程应简单地写为“Y 药效的评价。”

一个更加集中的问题可以得到更加具体的答案。你的专家可以更精确地确定他们需要解决哪些信息中的不确定因素。

第二个例子是实现双赢价值（RWW）标准，它由 3M 发展出来。该标准的名称总结了三个该组织在淘汰机遇时试图回答的问题：

◎ 机遇是否真实（real）：即该产品或服务是否具备真实的市场？这里的标准包括市场规模，潜在的定价，技术的可用性，以及生产和提供高容量产品或服务的能力。

◎ 你是否可以赢得这个机遇（win）：即你是否可以建立一个可持续的竞争优势？你能否将想法变成专利或者品牌？你是否能比其他对手更好地执行它（例如你在此领域是否有高级工程技术人才）？

◎ 机遇在财务方面是否值得（worth）：你是否有资源需求（财政与开发），并且有信心投资会获得适当的回报？

表 4—3 将这些标准应用于引言中已经谈到过的“宠坏配偶”的机遇。标准的 Excel 清单可以在本书的网站上找到。

表 4—3　　双赢准则被应用于引言中谈到的“宠坏配偶”机遇中

1. 是否存在真的市场与真的产品？	**注释**	
是否存在需求？（何种需求？现在如何得到满足？）	是	
顾客能够买吗？（市场尺寸，顾客决策过程）	是	
顾客会购买吗？（感知危机与利益、价格期待与可供性）	是	不确定顾客是否会付款
是否存在真正产品概念？（延伸产品VS.全新产品）	是	
产品是否被社会、法律以及环境接受？	是	
概念是否可行？可以被制造吗？具备技术吗？是否满足需求？	是	
产品能否满足市场？是否有相较其他产品的独特优势？	是	可以链接其他谷歌个人产品
造价是否低廉？	是	
感知的风险是否可被顾客接受？采纳的瓶颈是什么？	是	
最终	**是**	
2. 我们能赢吗？我们的产品或服务会具备竞争力吗？我们作为公司是否能成功？		
我们是否具备竞争优势？优势是否可持续？（表现、专利、门槛、替代品、价格）	是	
时间安排是否合适？	是	
它是否符合我们的品牌？	是	
我们会胜过对手吗？（他们改善多少？价格轨道、新对手）	也许	AOL与雅虎付费更方便
我们有高级资源吗？（工程、财政、市场、产品;与核心竞争力相配的）	是	
我们有可胜出的管理吗？（资历、文化、机遇承诺？）	也许	订阅服务稍弱、广告模型更好
我们对市场的了解是否和对手一样或高于对手？（客户行为？渠道？）	也许	缺乏对客户购物意愿的见解
最终	**也许**	
3. 是否值得？回报是否令人满意？风险可否被接受？		
它会否赢利？	是	如果尝试广告模型
我们是否有资源和金钱来完成？	是	
我们可否接受风险？（可能出现什么问题？技术风险VS.市场风险）	是	
它是否符合我们的战略？（符合我们的增长预期、品牌影响和基础方案）	是	
最终	**是**	

除准确性外，RWW 标准的另一个好处在于你可以方便地与生成你的机遇的人们就此进行沟通，无论是员工还是公司外的人。然而请理解的是，RWW 标准会倾向于将你现有的业务需求与新机遇的创造相结合，因此比较倾向于渐进式创新。根据其本身的特性，激进式创新超过了 RWW 的界限。

对组织早期创新竞赛的实用建议

根据我们对运行数十个早期阶段的创新竞赛的经验，我们对规避常见陷阱提出了以下几条准则。

将机遇罗列成为战略清单

机遇不仅在质量上差别很大，在支持你的公司战略方向的程度上也有所不同。有些目标在新市场的开发中发挥作用，其他的则促进新能力或新技术的开发。创新战略中的传统观点认为，企业应平衡现有机遇的开发与新机遇的探索。人们同样谈到核心创新与外围创新、渐进式创新与激进式创新以及相同含义的术语，这些区别在单一的不确定性视野角度下都得到了统一。

大多数创新面对两种不确定性。

◎ 技术的不确定性描述了你执行技术的能力。如果你拥有能力，那么技术不确定性的水平是低的；如果所需技术存在于你的公司之外的话，不确定性就是中等；如果机遇是基于新发现或进展的话，不确定性则非常高。

◎ 市场的不确定性描述了你了解和解决客户群需求的能力。对于能够解决现有客户需求的机遇来说，不确定性为低；对于由其他公司解决的与你当前业务相邻的细分市场来说，不确定性为中等；对于尚未被解决的市场来说，不确定性最高。

这两个方面总结在图 4—4 中。

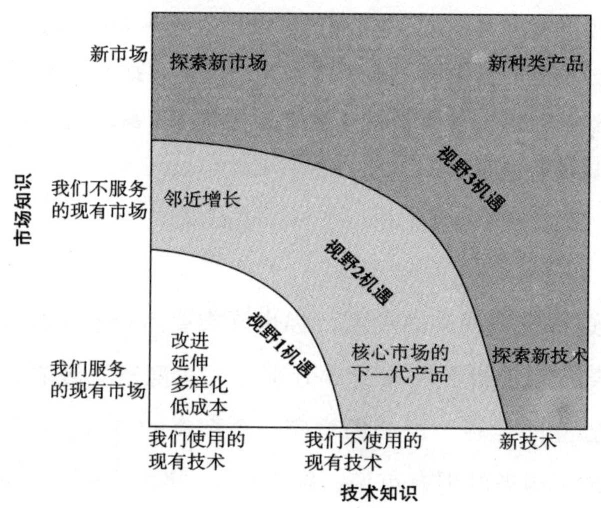

图 4—4　机遇的三种视野

注：我们根据不确定性程度将机遇分为三种视野，用 1 至 3(不确定性由低到高)表示。表左下方为低不确定性，此处机遇强调熟悉的市场和使用熟悉技术。向右上的移动增加了风险的持续性。

技术和市场知识的两个方面以及不确定性共同决定一个机遇的风险性。我们用视野 1、2 和 3 来代表公司追求机遇时所面对的风险特点。**视野比喻涉及开发机遇所需要的时间以及相关知识的可用性。**

尤其是，如果你没有明确限制创新竞赛的范围，那么你有可能面临遍布图 4—4 所示表格的所有机遇。这样的混合机遇代表着不同的技术水平和市场机遇，运行囊括所有创新机遇的大型创新竞赛往往比较困难。这其中有两个原因：

◎ 两个机遇之间很难进行比较。如果一个人的目的是推出一个全球卫星移动通信网络，而另一个人的目的是为现有手机型号增加两个新颜色，那么很难对这两个机遇进行比较。

◎ 在甄别过程结束时，我们得到了大量使用现有技术开发新市场的机遇，但我们还没有考虑任何使用新技术开发现有市场的机遇。

面对这种进退两难的局面，你也许想要运行三个独立的创新竞赛：为视野 1、视野 2 和视野 3 分别办一个竞赛。或者，你也许考虑办 9 场独立的竞赛，每一场对应一个新奇的技术（你所服务的现有市场；你不服务的现有市场；新市场）。**将机遇分成不同的视野通常被称为战略清单方法。**

你可以在生成机遇之前或之后定义创新竞赛的范围。如果你在机遇生成之前这样做的话，你可以指导参与者的创造力量，以帮助你实现跨战略行动的机会均衡。如果等机遇确定之后才制定范围，你可能会让一些重要举措失去支持。不过，如果你将范围缩小，一些重要机遇就无法出现。

在竞赛回合中提炼想法

在幸存者进入下一轮创新竞赛之前，你应当尝试提炼改进它们。尽管这可以由想法的发起人来完成，但你也可以考虑让参与者给出快速反馈。每一个五十字的快速评论可以对想法的改善起到巨大的影响。我们发现，让人们写下评论通常会为每次投票增加 3 分钟的时间。这在首轮竞赛中看起来太花时间，但其效果确实非常强大，尤其是在你已经将名单缩小至 10 到 30 的时候。

找到什么才是对你有效的

在本章中，我们提出包括 3 轮的筛选流程架构，首先是基于网络的提交和对数百个机遇的投票，然后是创新研讨会，提出想法并再次表决，最终是对每个机遇详细的、多属性的分析。我们发现这种架构适用的领域十分广泛，无论是专业服务还是初创企业的形成。该竞赛设计不是纸上谈兵，它可以用于改善创新的设计以满足你的特定业务需求。

有些创新设置只有几十个机遇而不是几百个。在这种情况下，你最好绕过基于网络的投票而直接跳到创新研讨会步骤。你的研讨会可以致力于生成机遇（无论是以个人形式还是以团队形式，见第2章），然后直接进入投票。

你也可以将创新研讨会的元素与Darwinator结合起来。你可以让研讨会参与者以组为单位合作生成机遇，然后使用Darwinator进行淘汰。你可以综合使用工具来创造和过滤想法。如果你的标准是简单、易于应用的，那么你可以在创新竞赛的早期就进行客观淘汰。如果你的标准更加抽象，你甚至可以将竞赛的最后一轮放在贴纸投票上。**只要竞赛包含一系列筛选程序，以有效的过滤开始并以精确的机遇作为结束，你就可以进行灵活的修改和调整。**

本章小结

鉴于筛选过程的效率和准确性之间的矛盾，创新竞赛应该使用多轮筛选。第一轮应强调效率，通常使用网络工具如Darwinator，就可以取得最佳效果。在创新研讨会上可以进行进一步筛选，但是要通过不断自我提炼机遇的方式。最终，通过有标准基础的筛选列出值得投资的特殊机遇清单。正如飞行员在起飞前检查清单一样，诸如3M公司使用的RWW清单应该可以帮助你在开始运作之前将每件事都考虑清楚。有标准基础的筛选也可以明确你的战略考虑。正如我们将在下一章中讨论的，这样的战略方向可以持续提高机遇的平均质量。智能筛选的结果应当是得到一套有前途的、实用的机遇——在每个类别中都名列最佳，使你可以进入开发阶段。

- 你是否有可以筛选数百个想法的机遇筛选程序？如果没有，也许是因为你没有足够多的机遇来开始筛选，或者是因为你没有使用成熟的程序来挑选最有前途的机遇？
- 你是否组织创新研讨会来支持新机遇的生成和筛选？你是否使用网络想法管理系统来协助你的工作？
- 你的组织中都有谁在投票，又有谁在推动机遇前进？在这个过程中团队有动力吗？是否可以匿名发表意见或提出建议？
- 你的公司内是否拥有一套标准来明确要寻找哪类创新？哪些应在过程初期就放弃？他们是否领会到RWW标准的本质？这些标准在你的组织中是否已经被广泛了解？
- 你是否根据机遇所属的创新视野而将其分成不同类？

第5章

INNOVATION TOURNAMENTS

让自己如此与众不同：战略拉动机遇

iPod拥有超大容量、快速的电脑连接等新属性，即使比竞争对手的产品更大、更重，价格更贵，它仍然快速从同类产品中脱颖而出。创新可以成为一个拉动过程，指导生成新的机遇，发挥它们最高的战略价值；它也可以作为一个推动过程，将一套有趣的机遇带入一系列筛选步骤。

前面的章节中叙述了一系列可以增加创新机遇供给，进行筛选并留下精英的方法。我们假设任何机遇都是一件好事，然后将注意力集中在尽可能多的机遇创造中。但是，创新不会发生在一个战略真空中，尤其是对于已成立的企业而言。竞争对手试图窃取市场份额，曾经划时代而如今已过时的技术，以及曾经快速增长、如今愈发成熟的市场，为强调特定战略需求的机遇创造了强烈需求——人们需要能够增强自身竞争优势的机遇，需要能够探索新技术、创建新市场并振兴现有市场的机遇。

因此，**创新可以成为一个拉动过程，指导生成新的机遇，发挥它们最高的战略价值；它也可以作为一个推动过程，将一套有趣的机遇带入一系列筛选步骤。**图 5—1 说明了这两种方法如何结合。

◎ 你可以使用甄别战略作为筛选和选拔标准进行机遇的筛选。简单地添加战略考虑到筛选标准中，如我们在前一章所讨论的，你所生成的机遇可能依然十分多，你如果选择前进，那么机遇就必须更强调重点战略需求。

◎ 你可以尝试引导机遇创造程序来辨认更加可能创造首位战略优势的机遇。在这种情况下，你将战略背景和你使用本章提出的工具找到的差距与那些生成并感知机遇的人进行融合。我们将第二种方法称为战略拉动机遇。

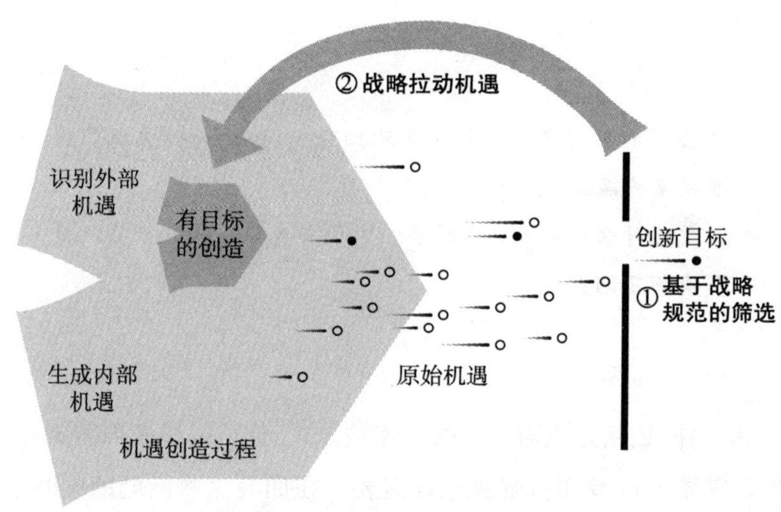

图 5—1　可以通过战略规范筛选机遇

注：战略可以拉动机遇创造过程，识别特殊创新目标。

本章将为你提供一套工具来帮助你用战略拉动机遇。我们将揭示如何进行创新战略的审计，来确定你的公司需要创新的领域，从而构成下一步机遇生成的重要目标。然后，我们讨论如何将审计确定目标用于辨识更多的机会。

创新战略审计

本章并不是经营战略的全面审查——这是其他书和其他作者要讨论的话题，但你在回答下列问题时应站在总体战略角度思考问题：

◎ 你公司的目标客户是谁（市场细分），他们为什么从你这里购买产品或服务？
◎ 你提供什么样的产品或服务？它们与竞争对手的产品或服务有何不同？

请记住，创新是供需之间的新连接方式。你可以思考谁需要什么、为什么需要，以及如何解决这种需要。在回答这些问题的同时，你应能说明你公司的战略意图。遗憾的是，这些意图可能不（通常都不）符合实际的经营情况。市场和经济的变化飞快，以前在市场领先的产品或服务可能迅速落后。现实可以创造一个战略落差并要求出创新来填补这个落差。

创新战略审计可以确定你的创新组合中现有的和今后可能出现

的落差。业务落差拉动了适当的机会前进，而不是由你将机会塞进程序中去。接下来，我们将探讨如何通过评估市场需求和你的技术创新活力来瞄准你的创新落差。在衡量市场方面，你从客户的角度分析你的产品或服务，而在评估你的技术地位时，你潜入你的技术竞争中并确定它们在生物链中所处的位置。

市场需要前景

你的创新战略审计开始于从你的客户的角度审视你的产品和服务。问问自己哪些属性让你的产品和服务有别于你的竞争对手，问问你的客户最在乎什么，你是否符合甚至超过了他们的期待。最后考虑一下，当客户购买（或者更糟的是不买）你所出售的产品或服务的时候都在想些什么。以下三个工具可以帮助你回答这些问题。

价值地图

2001 年 10 月，当苹果公司推出 iPod 的时候，钻石（Diamond）多媒体播放器 Rio PMP300 已经在市场上销售超过 3 年了。它像其他竞争产品一样拥有可以储存 10 到 30 首歌曲的闪存记忆。行业的快速商品化带来了巨大的价格竞争压力。没有任何播放器能够脱颖而出。

而 iPod，苹果公司推出的音乐播放器完全无视传统的智慧。它更大、更重，并且售价400美元，价格高于竞争对手三倍。它可以存储1 000首歌曲并且拥有非常快速的电脑连接以及优秀的音乐管理软件（我们现在所熟知的iTunes）。苹果的作法符合一种叫做蓝海战略的创新方式。与其在现有市场和价格中争得头破血流，苹果选择重新定义竞争要素。

价值地图通过确认产品属性和评估竞争对手在该属性中的表现来拉动机遇创造程序（图5—2）。它们帮助你检测与竞争相关的产品的明显缺点。但我们已经在第2章中探讨过，创新不仅仅是在现有产品属性方面对你进行重新定位，它试图发掘新的属性。机遇创造程序可以将目光放在确认这些不足的属性、甚至延伸传统属性的解决方案上。简单复制现有属性可以让你的客户感到满足，但像苹果公司开发iPod那样确认新属性，则拥有让客户感到喜悦的潜力。

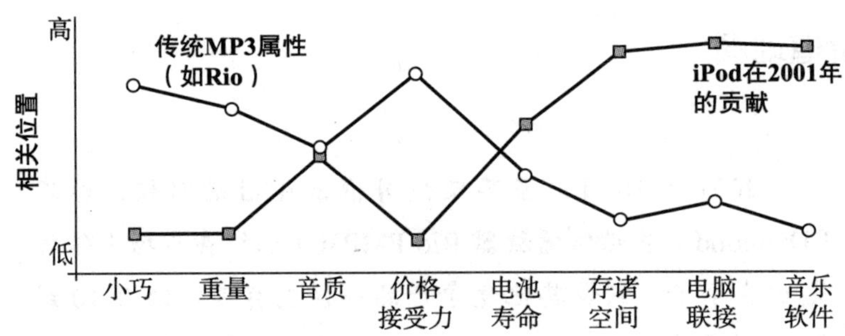

图5—2 iPod与竞争的MP3播放器的属性

注：右侧所示其巨大差异体现在3个属性上。iPod创造了另一种优势，将“蓝海战略”投入其播放器开发中。

分析与其重要性相关的属性地位

分析产品属性也能够识别客户的希望和期望之间的差距，以及你用现有产品和服务满足他们的能力。满足客户需求，尤其是那些没有经过明确阐述的需求，是机遇创造过程的理想目标。基础广泛的调查可以帮助你将这些需求归零，特别是在尝试在已建立的、现有客户群庞大的产品分类基础上进行创新时。

鉴别未满足的需求的另一个有用的技术，是在你的产品或服务可以传达到的范围内，仔细权衡一项产品或服务属性（或其中套件）的重要性。图 5—3 总结了一家主要商业学校的做法。纵轴显示了学生们对学校现有表现的满意度，横轴是学生对属性重要性的评估。从图 5—3 上，我们看到以前的学生说，学校只提供从数据中得出的结论，在综合业务透视方面却表现出不足。图右下角的属性——重要性高、目前性能低，成为机遇创建过程中的目标。

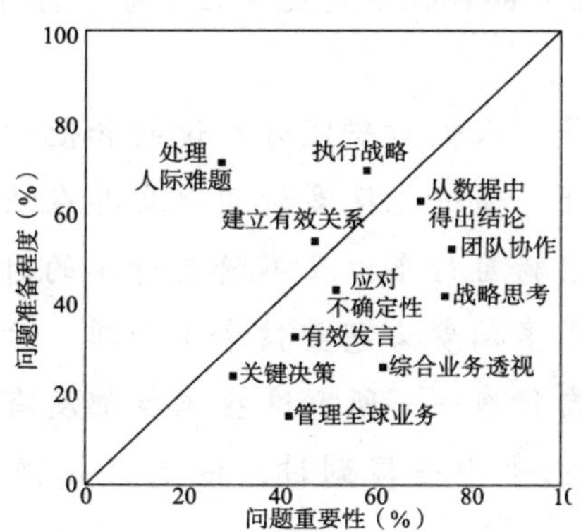

图 5—3　某商学院绩效的重要性实例图

注：每位客户考虑购买产品或服务时考虑的属性都会被公司拿其重要性来与其现处位置（由客户评估的）进行比较，绩效差异与图右下方的属性相关。

使用人类学

你也可以通过对使用你产品的客户的观察研究来进行客户需求评估。这些研究（也称为用户人类学或民族志）与你通过调查得出的结论相比，提供了对于真正客户需求的更深层次的了解。

来看自行车行业。禧玛诺（Shimano），一个自行车部件，例如踏板和刹车的制造商，最近通过一个用户人类学研究活动来了解为什么越来越多的人不再骑自行车了。这个问题的传统解决方法应当是创建一个调查，或者找一组目标客户询问他们多长时间骑一次自行车，以及他们最看重自行车的什么属性。大多数美国人会说他们定期骑车(这意味着平均每年一次)，而他们想要带有很多齿轮的轻型自行车。这些产品属性就是现在几乎每个自行车店都在强调的。

不幸的是，人们对研究者所说的和他们真正会做的有明显的差距。通过花很多时间观察潜在的骑自行车的人，包括他们骑自行车以及不骑自行车的时间，禧玛诺研究者发现很多消费者想要技术上简单、方便好骑、容易上下车的自行车——所有这些属性都没有在现有的自行车制造商竞争中被提到过，他们只是强调自行车的激情。

用户人类学帮助禧玛诺确认了一系列潜在需求。**一旦潜在需求得以阐明，它就成为机遇创造程序的目标。**特别值得注意的是，这种潜在需求可以帮助你重新定义先前讨论过的价值地图。一旦你确认了开越野车而不骑自行车的美国人的潜在需求，你就有了重新定义产品类别的机会。

在禧玛诺的案例中，这些努力导致了专门针对休闲自行车骑手的自行车的创造，即人们可能只在每年的家庭旅行中租用自行车去海滩，但其他时间不常骑车。禧玛诺在 Coasting 品牌下开发了一个部件生产线，制造部件，然后将其融和到他们的自行车中去。一个例子是图 5—4 中所示的 Trek Lime。

图 5—4　用了禧玛诺自行车组件的 Trek Lime 自行车

科技解决方案透视

在强调用新方案解决客户需求的同时，大多数企业趋向于建立一些深度专业的特定技术（例如内燃机、网络搜索算法、香精香料）。这些领域需要专业知识来识别供需间的新连接方式，将这些连接转化为产品或服务，然后再向客户传递成果。

下面的三个工具可以帮助你分析你目前的专业领域，并帮助你确定未来机遇生成的目标。

技术地位

作为能源和自动化技术的领先提供者，ABB 公司定期评估其生产线。它评估其市场垄断地位、技术性能、成本和其针对其竞争者的知识产权。图 5—5 展示了 ABB 在进行比对的时候所使用的便捷方式。ABB 公司将该方法称为交通信号灯法。图中的行对应于该公司现有的产品线。在市场地位栏中黑色的部分，ABB 是市场领导者，在灰色的部分它是前五名，而在白色的部分则是其他（扩大交通信号灯的比喻，还可以使用绿色、黄色和红色）。该技术地位栏评估你的与竞争对手相关的技术。这里的标准是特别为 ABB 公司凭借其对技术领导地位的重视而制定的。一个消费产品制造商使用的可能是品牌地位而不是知识产权地位。该标准应该反映你为了寻找你的竞争优势所在的领域而制定的战略。灰色和白色（红色和黄色）信号灯就可以变成机遇生成程序中的目标。

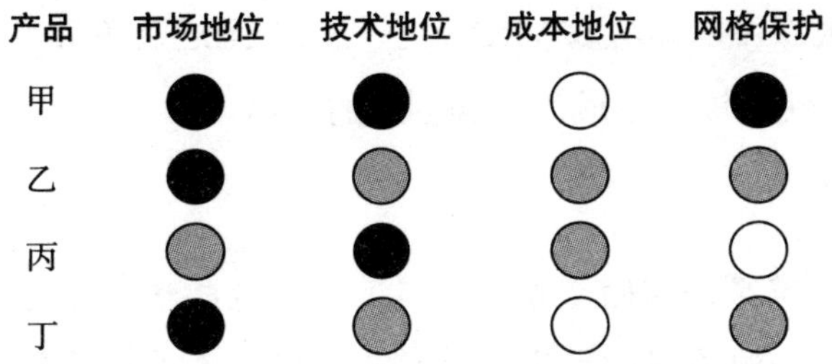

产品　市场地位　技术地位　成本地位　网格保护

甲

乙

丙

丁

图 5—5　交通信号灯分析

注：对公司提供的每个产品线或服务，根据规范评估现有战略地位。结果可以使用不同颜色来表达。

核心竞争力和能力

竞争优势的理论很多，但大多数来源于企业通过利用独特资源来实现平均效益的想法。总的来说，资源包括能力、核心竞争力和竞争优势。为了提供优势，资源必须是：

◎ 宝贵的。资源必须通过允许公司实现比竞争对手更好的表现或削弱对手的实力来体现其价值。

◎ 稀有的。在过往的竞赛中，资源必须是稀有的。

◎ 现代科技难以仿制的。坚持其宝贵价值和稀有程度，资源决不能被轻易模仿。

◎ 不可替代的。除了宝贵、稀有和难以仿制，资源也不能被轻易替代。

这一观点可以缩写成 VRIN，它可以将阐述资源清单的方式用来定义目标，使用该清单成为机遇创造的透镜。

> 以苹果的 VRIN 资源为例，它可能包括卓越的产业设计、领先的品牌和忠实的用户群。这些资源中的每一项都能够激发机遇创作过程中的挑战。还有什么其他产品类别可以展现苹果的设计创造优势？苹果品牌可以在哪些产品或服务类别中被转化为优势？苹果公司可以向它的用户群提供哪些其他产品或服务？苹果最近推出的 iPhone 成为体现其早被确定的能力的符合逻辑的一步。

技术生命周期

技术展示了与生命周期非常一致的模式。几乎所有的新技术在初期的销售增长都很缓慢，随后是指数级增长，成熟，然后稳定或下降。图 5—6 展示了音乐专辑在过去 30 年的销售轨迹。起初，音乐通过大张的黑胶唱片进行销售，随后唱盘被磁带播放器取代，后来光盘播放器又取代了磁带播放器。在 21 世纪初，CD 销售额下降（尽管绝对数字仍居高位），数码音乐的分销渠道开始通过 iTunes 这样的播放软件抢占市场份额。

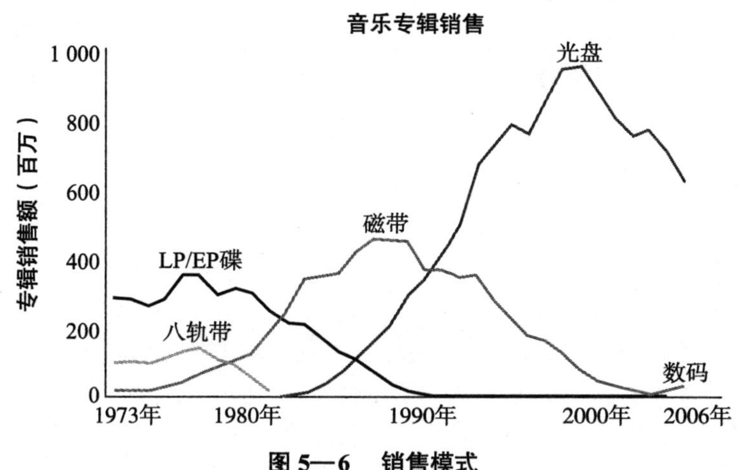

图 5—6　销售模式

注：最成功的技术需经历此图表阐述的销售模式。销售额在最初很低，然后快速增加。最终，技术被取代而销售额也下降了。

在大多数情况下，个体公司无法抗拒技术的上升与下降。以索尼为例，该公司试图继续发布八轨磁带音乐，但这样做是不现实的，所有大型娱乐公司都无法忽视在线发行音乐的巨大市场。技术成熟时的创新改变的目标就在于此。**技术生命周期的每一阶段都为机遇创造程序提供新的目标。**

◎ 胚胎阶段。这一时期的一个特点是没有一个主导设计。没有技术可以让自己成为标准。在这种背景下，机遇创造程序应确定技术竞争为主导。

◎ 成长。一旦主导设计站稳了脚跟，不确定性就会下降。随着主导设计，产品性能、特点、生产尺寸方面择优的关键属性已经浮现。机遇创造的重点在于随着性能优化而提高表现。

◎ 成熟。竞争的重点越来越多地转向产品配送效率。企业通过竞争扩大规模，通过打造多样化的产品来吸引不同的细分市场，但他们通常提供一个类似的基本技术。汽车行业进入这一阶段已经将近一百年了。在此，机遇创造应将目标放在成本效率和解决方案上,解决客户需求的微妙差别。

◎ 衰落。随着技术的下降，一些竞争技术有了用武之地。在这种环境下，你应继续把重点放在效率上，但同时也应该寻求成熟技术的新用途——所谓物尽其用。

指导机遇创造程序

到目前为止，我们已经强调，创新战略审计工作如何帮助你找出差距，然后将其转化为机遇创造的新目标。但是，一旦你了解你的差距，你还要将这个认知反馈给你的组织以确保你可以根据你的新知识采取行动。我们认为，**评估过程中的差距将导致组织认识到需求，从而影响进程**。除了这种隐含的影响，我们发现至少有四种直接影响。

◎ 使用集中章程建立机遇生成保护机制。第2章为内部生成机遇提供了方法。这项行为只需要投入时间，就会产出很多机遇。机遇生成可以被设置为一个固定期限内一个特设团队的项目。你可以给团队一个明确的章程。比如我们中一员最近与一个确认视野 2 机遇的团队合作——寻找可以在家得宝以及洛韦销售的电器产品。即使有这样微观的范围，团队依然确认了大约 600 个机遇，其中 3 个最后成为重大新产品。

◎ 组织结构以填补差距。创造一个负责填补你的差距的组织单位。例如，一家加热和冷却设备制造商面临识别远景产品机遇的困境。通过创建一个专门负责创造、生成和发展远景机遇的组织单位，差距就被填补了。

◎ 部署遥感活动以填补差距。组织创建的机遇部分来源于外部感知。机遇组合的差距通常在于感知人际网的相应盲点。例如，一家儿童产品制造商可能通过嵌入其用户群体、博客和网页来锁定父母和儿童，以填补它的差距。（详情请参阅第 3 章。）

◎ 根据机会种类设定目标数量。我们的差距评估可能影响到机遇生成程序。一个略微积极些的干预为特定种类的机遇的一小部分设定量化目标。例如，一家出版公司可能制定目标，要求其机遇的 25% 应与电子分销有关。类似的目标是有点武断，但他们服从并执行，从而影响了很多生成和创造机遇的组织过程。

本章小结

两种基本方法可以使你识别与你的企业战略相一致的机

遇。你可以筛选大量的机会并将战略考虑作为主要标准，或者，你可以指导机遇创造程序来识别可能满足战略需求的机遇，用战略拉动机遇。

你通过识别创新的战略目标来拉动机遇。你的目标可以被用来影响组织与管理行为创造机遇的过程。本章讨论了一系列帮助你进行创新战略审计的分析工具。

这些工具中的前三个——价值地图、属性地位分析和用户人类学，构成了你的客户角度的创新机遇。另外三个——信号灯、竞争力和能力分析，以及你的技术生命周期图，则强调了解决方案扮演的角色。总的来说，这些工具有助于创新战略审计，并能帮助你识别机遇以及创造战略优势。它们可以引导你定义你的创新竞赛的范围。

诊断

- 你的创新力量有多少遵循了推动方法，又有多少遵循了拉动方法？
- 你理解你的商业战略吗？你能够回答你所服务的供需市场的相应问题吗？
- 你定期评估你的市场地位并且用评估来识别差距、随后将差距转化为未来创新的目标吗？
- 通过你的创新战略审计，你试图通过什么方式影响机遇创造程序？

第6章

INNOVATION TOURNAMENTS

能短期盈利吗：分析近景机遇

ABB公司在选择机遇时，用创新回报曲线给出了机遇的预期收益。只有预期收益大大超过所需投资的机遇才有可能获得投资。近景机遇只带有少量的不确定性，借助量化财务分析，你可以预估机遇的预期回报，找到最佳的机遇。

创新的目的在于创造卓越价值。因此决定你的机遇中哪个是真正特殊的机遇就成为了创新过程中的一个关键因素。当机遇刚刚被发现、阐述尚松散的时候，你应当选择第 4 章中提到的主观标准基础上最具希望的机遇。但随着你进入一个创新竞赛的后面几轮，你应该使用定量分析来扩大和加强你的主观判断。

本章描述了在财政价值方面量化分析机遇的工具。考虑来自 ABB 公司的例子。图 6—1 展示了公司 14 个机遇的预期回报，从一个新的工业机器人到一个电厂的创新。这些数据以创新回报曲线的方式展示出来。每个矩形表示一个项目，宽度代表所需投资而高度代表了盈利能力指数。图 6—1 中的盈利能力指数是基于预期的利润，即预测为争取成功机会而调整的项目的财务回报。实际盈利仍然是不明朗的。

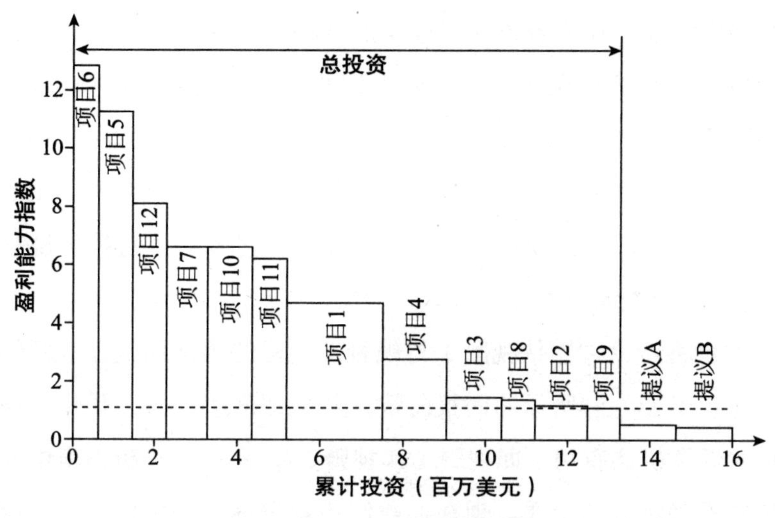

图 6—1　创新回报曲线

注：创新回报曲线是一种代表机遇所需投资和利益的曲线。这个例子展示了一系列在被深化前基于期待投资价值与利润的 ABB 机遇。请注意，由于相似性，这些项目被认为是群组项目，但只有一小部分机遇最终被 ABB 开发。

前两个项目（6 和 5）的预期收益似乎非常可观——比所需投资额高出十倍以上，是真正无与伦比的机会。尽管项目 12、项目 7、项目 10 和项目 11 也承诺五倍的投资回报，但随着回报曲线的下降，未来盈利的机会减少。在回报曲线的右端，我们看到项目 2 和项目 9 基本上只是偿还了必要投资。这些就会被 ABB 视为最不愿投资的项目。接下来的两个机遇（方案 A 和 B）则在横条下方，因为预期回报不能超过所需投资。

在追求机遇并了解收益的情况下，你也可以建立一条回报曲线。图 6—2 就展示了同一组机遇的实际回报曲线。请注意必须投资和收益全部偏离了预期。例如，项目 10 打败了项目 5，即使预测的结果与之完全相反。在你投资前，预期的利润应该超过所有机遇的必须财务投资，而不是在你投资之后看到的所有取得效益的投资机遇。例如，项目往往在推出之前被取消，由此导致盈利能力指数为零。ABB 在项目 9 商品化之前将其取消，但它在此前已经耗费了 100 万美元的投入。同样，项目有时候会因需要超过预算或者销售没有能够达到预测指标而被取消。

本章将帮助你预估视野 1 与视野 2 机遇的预期回报，以便你可以构建一个如先前所示的回报曲线。然而请理解的是，**量化财务分析只对近景机遇有用（即视野 1 和视野 2），只用于分析前景中只有不多的不确定性的机遇**。现在，我们将着重逐个分析机遇，假设它们在很大程度上是相互独立的。在第 7 章中，我们会谈到机遇投资组合的选择，说明整个企业的前景中机遇的互补作用。

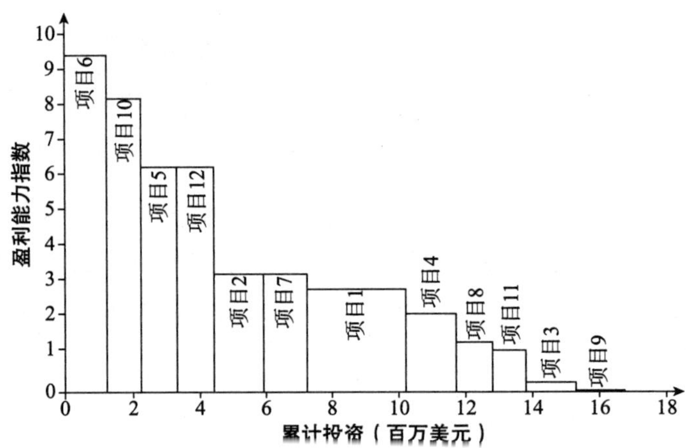

图 6—2　这条回报曲线展示了在得到结果以后的 ABB 项目，基于实际回报与实际花费

近景与远景的不确定性

第 4 章明确了视野 1、视野 2 和视野 3 机遇的概念，分类基于不确定性的水平。不同的视野需要不同类型的财务分析。

◎ 视野 1 的风险有限。来看高露洁推出高露洁加鞑美白冰凉薄荷牙膏的例子。高露洁不会知道确切的销售数字，但它会根据经验和消费者购买意向调查作出良好的预测。它还拥有完善的开发、生产和销售牙膏的成本预算，以及推出所需的时间预算。销售水平增加的确切数字是唯一不确定的。对于这样的视野 1 来说，主要目标就是抓住这个不确定参数。

◎ 视野 2 机遇所含的风险足够高，以致人们在开发过程中或在启动期间可能随时将其取消。例如，如默克公司一样的一家制药公司的一个新的糖尿病药物在进入第二阶段临床试验的时候，有 65% 的概率无法进入市场。临床失败的可能性不容忽视。在分析视野 2 机遇时，你应着重捕捉这种情况下的不确定性。

◎ 视野 3 机遇的不确定性极强，你甚至无法阐明各种方案的可能结果，更不要说减少任何单一参数的不确定性了。当维珍集团考虑探索消费者太空旅游市场（维珍银河）时，它甚至不知道未知数到底都有哪些。相反，它着重于减少不确定性，尽可能找到更好的决策。在这里，维珍面对的是“未知的未知数”（我们将在第 8 章中谈到）。

分析视野 1 机遇

在分析视野 1 机遇时，无论是牙膏的新口味、软件包的一个更新还是下一季电视节目，你在进一步投资的时候都会面临效益的不确定性。

考虑一个需要 140 万美元投资、预期效益为 320 万美元的项目，即盈利能力指数为 2.3（即 320 万美元 /140 万美元）。回报曲线显示了盈利能力指数的单一精确值，但在现实中，这只是预期值（基于与项目参数相关的所有不确定性的平均预期结果）。把不确定性想作全部可能结果的可能性分布，如图 6—3 所示。平均结果可能为 2.3，但是在整个范围内有很多可能的结果，而实际结果是 2.1。

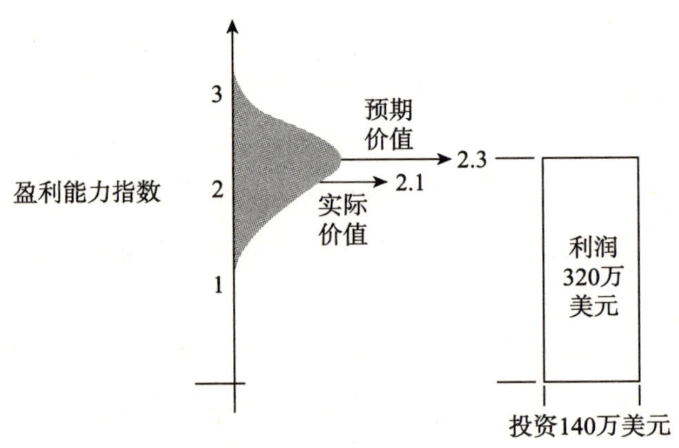

图 6—3　所有可能的结果

注：根据 140 万美元投资的利润为 320 万美元来算，本项目的盈利能力指数为 2.3。然而不确定性永远存在，表现在数据中的概率分布。本案例中实际结果为 2.1。

使用一些基本的金融建模工具，您可以估算一个可能的结果分布，并可以用它来评估平均结果——预期价值。这种分析需要分三步进行：

1. 创建财政模型
2. 模拟不确定性参数
3. 分析不确定性对财政表现的影响

创建财政模型

你可能已经知道如何为视野 1 机遇创建财务模型。你需要创建一个电子表格模型并在其中假设销量、价格、商品成本、所需投资、折扣率以及这些现金流的时间安排。很多教科书都解释过如何做到这一点。此外，你公司财务部门的同事也可以帮到你。这个电子表格模型并没有明确捕捉不确定性扮演的角色，但的确捕捉到了给定假设和利润预测之间的数学关系。

模拟不确定性参数

财务模型需要假设。你可能会假设，例如，你会销售出一定的数量——但你无法得知确切结果。不确定性的程度取决于具体参数。（图 6—4 说明了我们的项目建模中的关键参数的这种不确定性。）举例来说，你对产品成本的了解通常高于对销售量的了解。

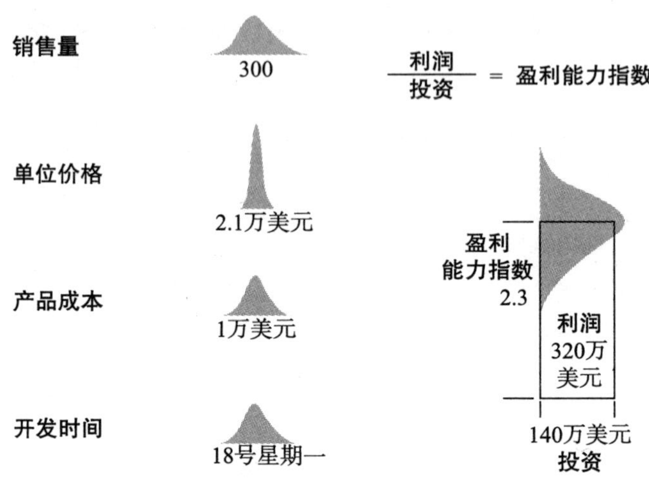

图 6—4 创新财政模型之下的参数的不确定性可以被仿制和分析，用来预测利润与相关不确定性

你至少可以用三种方法模拟不确定性。如果可能的话，你应该在进行假设之前使用这三种方法。第一，你可以根据经验分配概率分布。第二，你可以召集一个专家小组并要求他们对参数值发表意见，然后使用他们预测的分布作为你面临的不确定性的指标。第三，你可以参看实际情况的历史比例来预测与过去相似的机遇的关键参数值。

作为第三个方法的例子，我们来看 ABB 的 20 个项目的实际值，如图 6—5 所示。

对于每一个机遇，我们都计算了实际销售与市场预期之间的比例，并为该机遇提供了一个实际－预测（AF）比率。AF 率为 0.5 代表你高估了需求：实际销售仅占你所预期的一半。AF 率为 1.5 表明实际销售比预期销售高 50%。图 6—5 包含 ABB 项目的 AF 率的直方图。这个直方图可以被用做你所做出的新预期的不确定性的模型。你需要至少 15 个机遇以及它们在这种分析之下的预测。

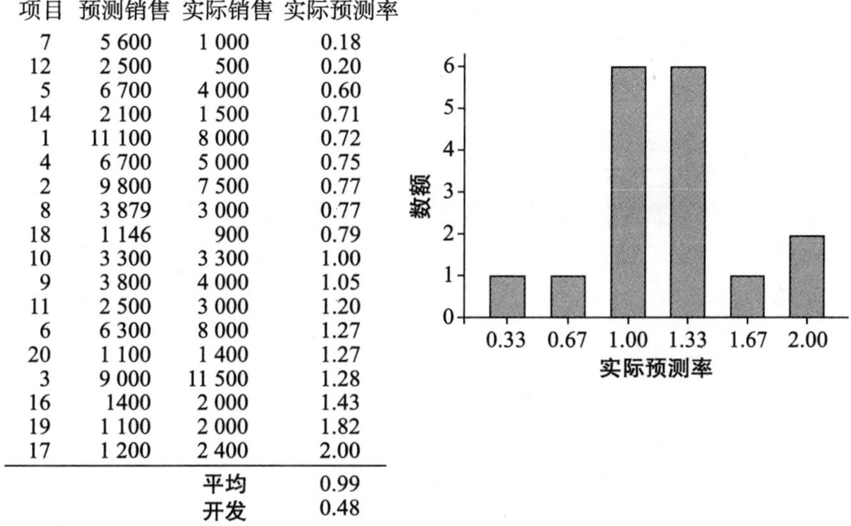

项目	预测销售	实际销售	实际预测率
7	5 600	1 000	0.18
12	2 500	500	0.20
5	6 700	4 000	0.60
14	2 100	1 500	0.71
1	11 100	8 000	0.72
4	6 700	5 000	0.75
2	9 800	7 500	0.77
8	3 879	3 000	0.77
18	1 146	900	0.79
10	3 300	3 300	1.00
9	3 800	4 000	1.05
11	2 500	3 000	1.20
6	6 300	8 000	1.27
20	1 100	1 400	1.27
3	9 000	11 500	1.28
16	1400	2 000	1.43
19	1 100	2 000	1.82
17	1 200	2 400	2.00
		平均	0.99
		开发	0.48

图 6—5　一系列 ABB 项目（左）的 AF 率及其直方图（右）

分析不确定性对财政表现的影响

你可以通过使用一种名叫蒙特卡罗模拟法的办法来分析你的模型参数的不确定性的影响。这种模拟法可以直接在你的电子表格模型中进行操作，可以使用的软件有 Crystal Ball 或 @Risk。该软件分析成千上万种不同情况，每一次都为你对投入进行的假设概率分布画出随意参数值。然后它会制作结果直方图，与财政模型输出的概率分布类似。图 6—6 即对本章先前讨论过的项目模型所建的直方图。

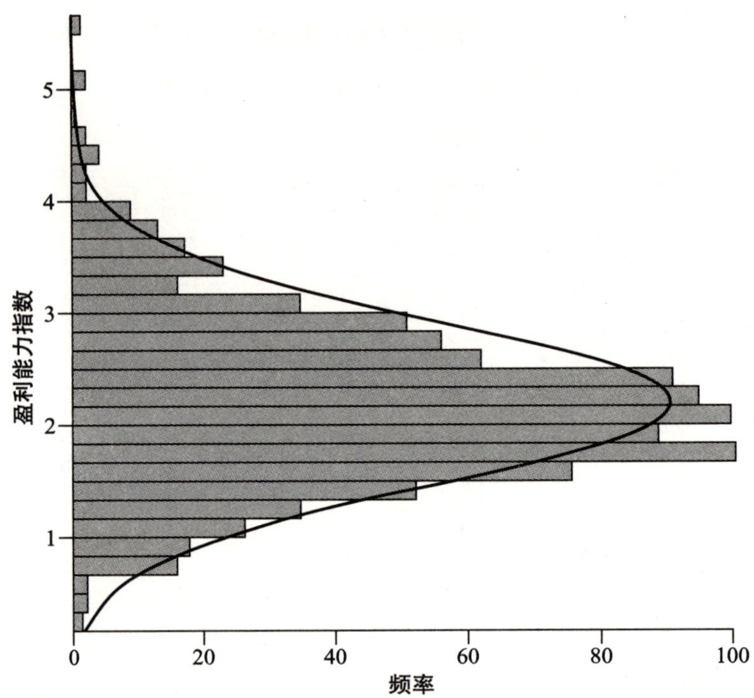

图 6—6　项目财政模型的 1 000 次模拟基础上的盈利能力指数直方图

这个数字表明，该项目可能产生积极的回报。即便如此，它强调项目有 2% 的可能出现亏损（盈利能力指数低于 1），盈利能力指数超过 3 的概率只有 20%。然而该项目的预期值依然非常积极，因此值得投资。该不确定性建模的结果是你可以对此项目抱有信心，它会在很多情况下产生积极的财务回报。

你的不确定性分析的结果也可以告知你发展机遇的计划中面临的工作任务。**事实上，一个好的发展战略（在第 8 章中更加详细探讨）应当是先完成那些可以减少你对机遇价值理解的不确定性的任务。**

分析视野 2 机遇

在我们分析视野 2 机遇时，你面临着不确定的情况。新的化合物会比其他治疗高血压的药物更有效吗？政府会调整燃料经济性标准吗？网络会成为视频输出的首要手段吗？

我们为视野 2 机遇的财务分析提供一个结构化的方法，该方法分为 4 个步骤：

1. 定义一系列离散事件以及和它们相关的财务参数。
2. 预估成功率。
3. 考虑将所需投资分期的可能性。
4. 了解财务价值的驱动因素。

定义一系列离散事件和它们的财务回报

第一步列出最可能的方案。请参看一家制药公司如何评估一种化合物。在临床试验（第一期）的第一轮中，研究人员研究了化合物的毒性。在这一阶段，化学反应可能是低毒性、中度毒性以及人们无法忍受的高毒性。

如果人类可以忍受这种治疗，它就进入临床试验（第二期）的第二轮。在这里，研究人员确定化合物治疗特定疾病的效果。对于此特定化合物，有两种可能的结果：疗效为中等或疗效为高。

这创造了总共五种可能的方案，每种方案都带有相应的收益。

◎ 高毒性、无法容忍，没有回报。所有试验就此终止。

◎ 中等毒性、高疗效，回报为1亿美元。

◎ 疗效与毒性均为中等，无回报。中等疗效无法抵消中等毒性所带来的副作用。

◎ 低毒性、中等疗效，回报为1亿美元。

◎ 低毒性、高疗效，回报为5亿美元。这是万里挑一的好结果，化学物因为毒性低而副作用有限，而展示出高疗效。

我们可以总结这五个方案，如图6—7所示。图中描绘的图被称为事件树，它总结了可能的结果和回报。这两个事件树是对等的。两棵树都是五片叶子，对应五个可能的结果和回报。然而右边的树也提供了第一期临床试验的中间成果阶段的信息。由于会很快变得明朗，带有这种中间成果的事件树会更好地支持本章探讨的计算，因此我们通常推荐你使用这种格式而不是左边的“平淡”树格式。

预估成功率

在描述了可能的方案后，接下来你要预测每个方案的概率。我们将每个方案的概率写在图6—7的括号里。因为视野2机遇的方案通常与成败攸关，所以期望结果的概率通常也被看做成功率，或简写成 POS。预测概率是很难的，需要很多努力（我们会在本章后半段进行探讨），它会对机遇的财务估值产生戏剧性的影响。

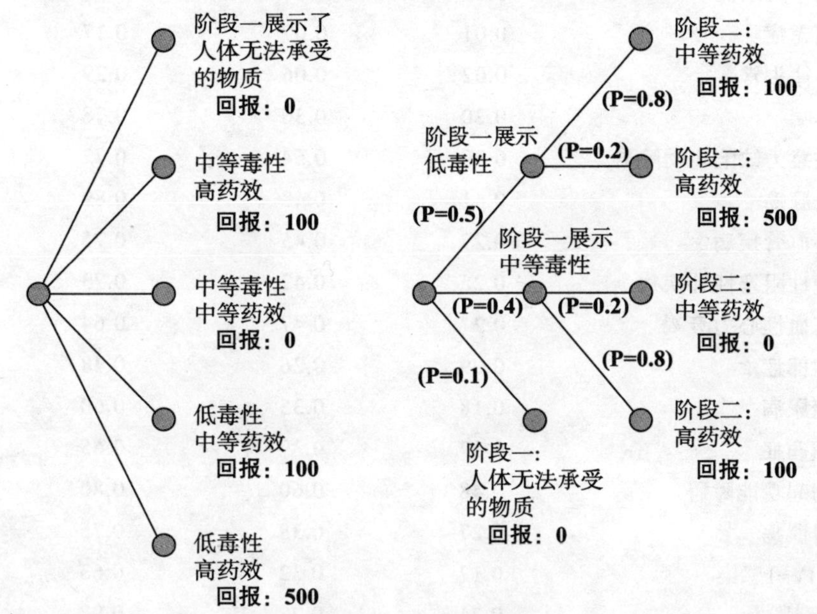

图 6—7　两个事件树

注：两个事件树总结了新化合物可能的情况与相关收入。右侧事件树明确了一个事实，即项目由两阶段构成并分阶段进行了展示。

通常，你可以在三种成功率预测方法中选择，这和选择预测视野 1 机遇的不确定性参数大同小异。首先，你可以使用历史数据。表 6—1 展示了不同药品在研发过程中每一阶段的成功率。已有的成功率数据显示了其在不同疾病中的显著差距，你可以根据不同疾病来将先期机遇的数据点集结成组。**使用历史数据预测成功率的主要优势在于你的判断是有事实根据的，你可以拒绝在决策中做出过于自负的偏向性的选择，但这种方式同时也假设未来会重蹈覆辙。**

表6—1　医学界每个里程碑式的历史案例中的历史成功率（POS）

指向/疾病	阶段一	阶段二	阶段三
老年痴呆症	0.08	0.24	0.37
焦虑症	0.01	0.07	0.17
心律失常	0.02	0.06	0.29
哮喘	0.20	0.30	0.78
注意力缺陷多动障碍	0.39	0.54	0.72
乳腺癌	0.41	0.48	0.89
心血管疾病	0.27	0.45	0.75
慢性阻塞性肺疾病	0.25	0.42	0.73
充血性心力衰竭	0.27	0.47	0.64
抑郁症	0.09	0.26	0.48
糖尿病	0.18	0.35	0.60
癫痫症	0.17	0.39	0.65
勃起功能障碍	0.48	0.60	0.80
胃溃疡	0.27	0.38	0.75
HIV-1感染	0.17	0.32	0.63
B型肝炎	0.71	0.77	0.97
白血病	0.38	0.51	0.89
偏头痛	0.27	0.45	0.72
多发性硬化症	0.13	0.30	0.50
卵巢癌	0.19	0.30	0.65
疼痛	0.36	0.46	0.85
帕金森氏病	0.28	0.48	0.70
绝经后骨质疏松症	0.49	0.69	0.84
精神分裂症	0.29	0.38	0.85
中风	0.07	0.23	0.34
血栓症	0.14	0.31	0.65
溃疡性结肠炎	0.10	0.24	0.43

获得成功率的第二种方法是汇总专家意见。正如你在视野1机遇的专家预测和筛选阶段投票中所看见的，这种方式由专家做出独立预测然后进行讨论，通常会形成一个共识预测。或者，你可以简单地将他们的预测进行平均，也可以指定一位资深专家发挥元老的作用——默克公司就采取这种方法。元老负责听取所有论据，并将其转化成为一个单一数据。与历史数据不同，可以期待专家意见在发现机遇的特质中发挥作用。然而，他们也可能受困于人类惯有的偏见和盲点。

第三种得到成功率的方法是根据一个明确准则将机遇的成功率定义为50%。以宝洁公司为例，他们发现一旦根据明确的准则将成功率定义为50%，专家的探讨就会更注重事实而非意见。例如，准则可能包括从概念测试中得到的购买意向、创新偏离现有产品的程度以及市场现在服务于公司的程度。明确的准则会给关于不确定性的对话带来一些结构。但明确准则也会花去很多时间，而要把准则诠释成为数字概率则更加耗时。

预测成功率的正确方法并非唯一。如果这些方法取得了差别很大的预测结果的话，你应该使用不同的方法并且了解你面对的额外风险的程度。你也应该测试你的分析对于成功率预测变化的敏感度：如果成功率的略微降低会将你的正常收益变成了亏损，那么这个机遇可能就不值得投资。

创建潜在回报分布

将概率与收益相结合，计算机遇的预期收益。在我们的新药物案例中，预期收益可以通过如下方式进行计算（尚不包含必要投资）。

预期收益 = Prob（没有收益）× 0 + Prob (1 亿美元）× 100 + Prob (1 亿美元）× 500

= (0.1+0.4 × 0.2) × 0 + (0.5 × 0.8+ 0.4 × 0.8) × 100 + (0.5 × 0.2) × 500

= 1.22 亿美元

因此，该机遇的预期收益为 1.22 亿美元。现在你把机遇所需投资的因素算进去。在这种情况下，第一期临床试验的开发成本为 3 000 万美元，第二期临床试验的成本为 1 亿美元。你可以得出净利润（亏损）为 1.22 亿 –1.3 亿 =–0.08 亿美元。

和分析视野 1 机遇一样，你也可以分析项目收益的分布，如图 6—8 所示。尽管预期收益为负，但仍有 10% 的概率会有可观的利润。如果它呈现负利润，你是否应该投资这项机遇？

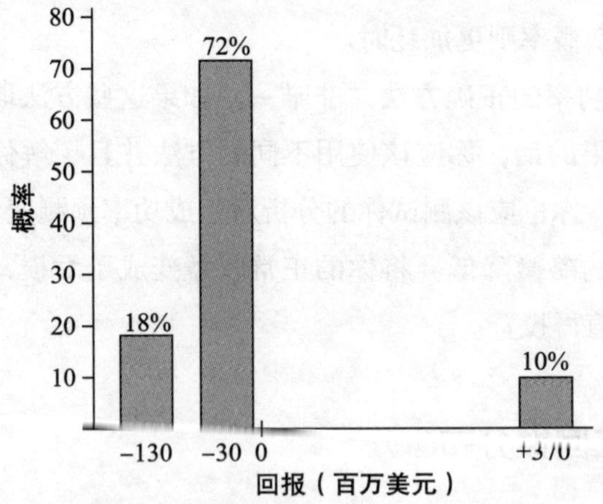

图 6—8　展示 3 种带有相关概率的结果的制药案例回报分布，其价值为 – 0.08 亿美元

考虑将所需投资分期的可能性

到目前为止，我们已经一次性投资 1.3 亿美元：你要么花钱，要么不花钱。这其中忽略了一个事实，即你可以在获得第一阶段信息后，在做第二阶段更多、更大的投资之前作决定。运用你的能力去结束这个项目（即不再在第二阶段中投入任何资金），以免第一阶段的负利润继续增长并影响机遇的价值。

要了解这个逻辑，请看第一期临床试验的三个可能结果：

- ◎ 结果 1（低毒性）。当你了解了第一阶段的成果时，你已经花了 3 000 万美元。这些费用是经济学家所谓的沉没——钱没了，你不能收回它，因此它和你的分析不再相关。如果你发现化合物是低毒性，你可以期望获得 0.8 × 1 + 0.2 × 5 = 1.8 亿美元的第二阶段之后的回报。为此，你将不得不花费 1 亿美元。你会这么做吗？答案是肯定的。这项投资预期创造 8 000 万美元的价值。
- ◎ 结果 2（中等毒性）。当你了解到第一阶段的中等毒性后，你应该向前看而不是向后看。现在重要的是，你的预期收益是 8 000 万美元 (0.2 × 0 + 0.8 × 10 000)，而不是你已经花掉的 3 000 万美元。这对于决定下一步 1 亿美元投资来说是尤其重要的。投资 1 亿美元来取得预期的 8 000 万美元是在摧毁价值。因此，长痛不如短痛，你应该在花费 3 000 万美元后确认投资失败，忍痛结束这个项目。

◎ 结果3（高毒性，无法容忍）。同样，3 000万美元沉没了，因为你没有任何继续赚钱的希望，你应该在第一阶段后终止项目。

现在让我们回到第一临床阶段初始的决策上，计算结果被总结在图6—9中。这是个好的投资项目吗？你有50%的概率赚取8 000万美元，也有50%（即40%+10%）的概率一无所获。因此预期利润为4 000万美元。为此，你必须在第一阶段临床试验中投入3 000万美元。现在，原本看起来糟糕的投资看上去好多了——3 000万美元的投资，4 000万美元的回报。请注意的是，投资的风险已经被降低了，因为你已经摆脱了损失1.3亿美元的方案。这项分析显示了为什么我们在图6—7中选择带有中间成果展示的事件树。

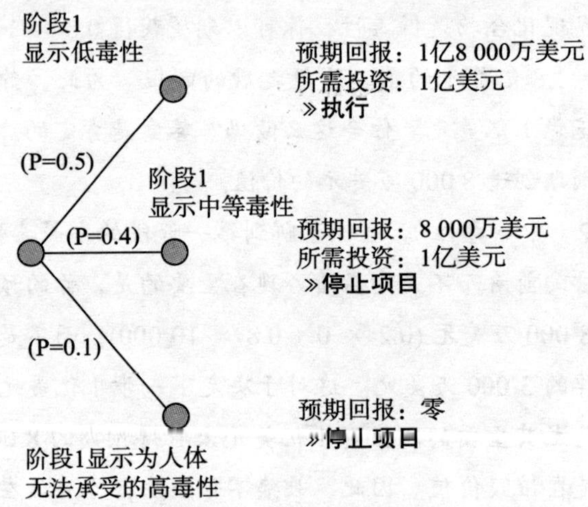

图6—9　阶段1的决策树

注：明确选择中介项目，从而不进行第2阶段的8 000万美元的投入。

这个例子会导致对于创新投资的两种总体观察。首先，它们的大部分都是按阶段进行的，早期阶段的投入比晚期阶段的要少。尽管第一阶段本身通常并不能带来财务收益，但它们同样提供了有价值的东西：信息。其次，在投资新机遇的时候，如果你收集到的信息指向失败的话，请记得你可以选择走开。**失败也是创新的一部分。早些失败总比晚些失败要有意义。**放弃意向机遇通常被看做选择退出，但资深的创新者常说："多些失败，早些失败，少些失败代价。"

了解财务价值的驱动因素

一旦你已经概述了图 6—7 中所有需要计算的成分，估算化合物的价值就成了一个算术问题。计算本身就会变得很简单。更难的问题是得到输入所需的数字。

要了解你的收益计算的假设的重要性，请再次看图 6—7 中描述的例子。略微降低（提高）中等毒性概率，我们会发现假设的结果的敏感性。如果将概率增加 1 个百分点（例如，概率从 50% 变成 51%），计算的结果增加 80 万美元，相当于创新整体价值的大约 10%，而将概率从 50% 变为 60% 则项目价值增加了 100%。

成功率预测的具体幅度可以对你的决策产生巨大的影响，因此我们建议你提早为成功率制定合理范围。如果机遇只在小范围内有利润，那么你可以跳过它。

在回报曲线中代表视野 2 机遇

当出现不同场景时，每个场景都配有不同的投资组合，那么在回报曲线中刻画每个机遇就变得十分困难。你所展示的所需投资（即代表机遇的矩形宽度）应该成为首批资金注入，还是应该成为机遇整个生命的预期花费，可分解为几个回合的投资机会？答案取决于你如何应用你的回报曲线。如果你借助它来思考你在来年应该规划多少创新预算，那么你可以将所需投资局限在你明年的期待所需范围内。否则，你可能应该将所需投资值设定为你在整个项目生命周期中期待的投资总额，将每个方案的概率都纳入考虑。

本章小结

机遇分析的目的是分配机遇的经济价值并确定风险的种类和来源。如果可能的话，你的目标应该包括一个预期收益计算，以及捕捉与创新相关的财务风险多样性的分析。

视野 1 机遇承担不确定性参数。你相信它们会进入市场并获得收益——你只是不确定收益会有多少。评估中的最大障碍是过于乐观的销售预测。通过分析你先前的预测，你可以发现它们是否一贯过于乐观。然后你还可以比较预测值和实际结果的差异。或者，你可以组织专家预测者来为你做分析。

视野 2 机遇面临失败的风险：你的理想方案可能无法执行。在评估视野 2 机遇时，你应当将投资分步投入：少投入，多收获。这样，你可以迅速聚集信息并且作出更大、更新、更少不确定性的决议。

创新机遇的财务评估要求你和模糊数字进行角力——主观评估、预测、相关的未被支持的假设。要增加你对于分析的信心，你应试图使用几种方法来预测收益或成功率。无与伦比的好机遇如此明显地出现在线的上方，而它们的分析表明了跨越不同财务模式、在每种保守假设中它们都有强大的财务回报。

诊断

- 你采取什么方法来评估机遇的财务吸引力？你是否能区分不同的视野？
- 你是否使用措施来预测成功率？这些概率是如何计算的？
- 你的公司是否保持财务收益、销售量和成功率的旧预测数据？
- 在对新机遇进行财务分析时，你是否回顾斟酌先前的预测产生的效用？
- 你能否及早发现较弱的机会，还是无论前景如何，一旦你的机遇开始进行就持续下去？

● 你是否使用诸如事件树和蒙特卡罗模拟这样的分析工具？

第7章

INNOVATION TOURNAMENTS

1+1 并不总等于 2：建立最优机遇组合

负责组建奥运足球队的教练不会只招募 11 名最好的球员，因为其中可能有 5 名是守门员。同理，你也不能通过挑选那些最具价值的单独机遇来建立最优机遇组合，因为好的个体需要相互依存。

假设你是负责组建奥运足球队的教练，你会只聘请 11 名最好的球员吗？如果其中有 5 名是守门员怎么办？如果 11 个人全部天赋异禀但缺乏比赛经验怎么办？你不能通过雇用最佳个体球员来把球队的成功最大化。同理，你不能通过挑选那些最具价值的单独机遇来建立最佳创新组合。**分散考虑每个机遇然后简单选择最具价值的机遇是行不通的，因为它们相互依存，而组合管理就是出于对相互依存关系的理解而存在。**

来看默克制药公司。它周期性地选择针对临床开发的化合物组合。表 7—1 列出了附有成功率预测的 30 个候选品以及它的财务收益（如果其成功的话）。例如，化合物 A，针对呼吸道疾病的药品市场，成功率为 18%，如果成功的话可以带来 8.47 亿美元的利润。

表 7—1　　默克公司考虑用作进一步基础医疗开发的混合物

化合物	指向	POS	回报（百万美元）
A	呼吸疾病1	0.18	847
B	呼吸疾病1	0.10	847
C	呼吸疾病2	0.15	726
D	肥胖症1	0.20	2 643
E	肥胖症1	0.18	2 643
F	肥胖症2	0.15	4 650
G	肥胖症2	0.10	4 650
H	抑郁症1	0.15	1 875
I	抑郁症1	0.13	1 875
J	代谢紊乱1	0.16	1 347
K	代谢紊乱1	0.16	1 347
L	心脏病1	0.22	423
M	心脏病1	0.14	423
N	心脏病2	0.13	608
O	老年痴呆1	0.13	769
P	老年痴呆1	0.17	769
Q	帕金森氏病1	0.10	1 452
R	骨质疏松症1	0.19	460
S	骨质疏松症1	0.17	460
T	疼痛1	0.18	862
U	疼痛1	0.15	862
V	疼痛2	0.15	2 014
W	艾滋病1	0.10	417
X	艾滋病1	0.07	417
Y	糖尿病1	0.20	2 226
Z	糖尿病1	0.18	2 226
AA	糖尿病1	0.16	2 226
BB	糖尿病1	0.17	2 226
CC	糖尿病2	0.18	3 865
DD	糖尿病2	0.11	3 865

注：所列回报是如果最终化合物被证实成功、有效并得以通过后的预期利润贡献。POS 就是通过第 3 临床试验阶段的成功率。

假设默克可以在30种化合物中选择20种，并给定了第二年的能量。它可以通过用成功率乘以收益来计算出对每种化合物的预期收益，然后迅速选出那些具有最高风险调整收益的。这种方法在图7—1中有所阐述，用回报曲线展示出30种化合物中每一种的预期收益，假设每种化合物所需投资是一样的。糖尿病和肥胖症药物的回报最高，默克公司会选择它们进入下一轮。

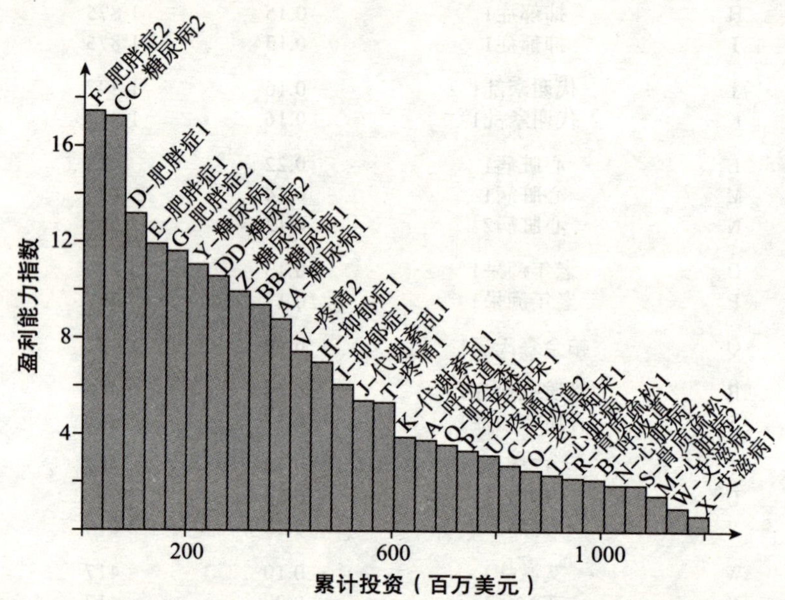

图7—1　表7—1中的30种化合物的回报曲线，假设每种化合物所需投资相同

虽然它对于将机遇可视化十分有用，但回报曲线依然无法捕捉到它们之间的相互依存关系——因为它单独审视每一个机遇的回报（盈利能力指数）。如果我们单独根据盈利能力指数选择机遇，我们可能选择了三种减肥药，而不选择抗抑郁药。那就等同于选择了一支有 5 个守门员却没有进攻球员的足球队。

对创新组合管理来说，至少有五种相互依存非常重要：

- ◎ 市场的同型装配。如果你为相同的消费者需求制定出四种满足需求的机遇，你不会让你的销售额增长四倍。尽管皮克斯的电影《海底总动员》（*Finding Nemo*）十分成功，它也不会再推出另一部叫《寻找山姆：小骆驼迷失在沙漠中》（*Finding Sam*：*The Story of a Small Camel*）的电影。与此相反的做法也有效果：在同行业或同产品类别中的不同机遇也许会允许公司占有市场，并且从各部分的总和中取得更大的成功。
- ◎ 平衡开发与探索。有些机遇，尤其是那些我们在前面章节中标为视野 3 的机遇，是具有探索性的。它们可能不会创造更多的价值，但却开启了未来的可能性。一个只具有视野 1 机遇的公司应对未来的能力可能相对薄弱，而只有视野 2 机遇的公司则可能无法生存到看见未来的那一天。
- ◎ 平滑收入。大多数公司倾向于平滑而持续的增长率而不是大起大落的回报，即使在长期趋势上其实区别不大。
- ◎ 资源的平滑要求。有一些机会可能会需要访问相同的稀缺资源。如果你发现有多重机遇需要这项资源，你可能需要搁置一部分机遇或减少它们对资源的分享。以制药公司为例，该公司可能限制了临床试验数据分析能力，以选择追求其能够及时处理分析的机遇。
- ◎ 对外部风险的套期保值。一些机遇在与其他机遇结合的时

> 候是最有价值的，因为它们形成了可以规避重大风险的机遇组合。这类似于一个多样化的金融产品策略组合。

本章提出了创建有价值的机遇组合的方式。为此，我们介绍了五种组合规划工具，每种都对应着刚刚讨论过的五个相互依存关系中的一个。

市场的同型装配

4种减肥药为默克公司提供的回报总值未必高于单一品种的减肥药所带来的回报。在多种机遇强调相同或相似市场需求时，它们无法被单独评估。

乍看起来，强调相互依存是很容易的。你就在每个细分市场里选择最有潜力的机会就可以了。遗憾的是，这一战略不能给你提供在利润丰厚的市场中可行的产品，这样你的初始机遇就会失败。因此，有时候你应该平行开发相似的机遇。制药公司的做法是委任一种化合物担任领头羊，其他的尾随备份。在考虑相同市场的不同机遇的时候，你有时也可以控制你所面临的风险类型。你可以把赌注押在符合同样需求的，技术方法不同的两个机遇上，从而降低技术风险。或者，你可以提供两套向相同客户群提供不同特性与优势的机遇，从而减轻市场风险。

为了确保在涵盖所有细分市场的同时规避市场同型装配，你可以使用市场细分地图。图 7—2 为表 7—1 中的 4 种医疗需求绘制了一份地图。图中显示了细分市场的规模以及机遇组合如何完善地涵盖所有细分。请注意的是，最具吸引力的大部分案例（糖尿病和肥胖）的备份产品都被包含在组合之中以增加药物进入市场的可能性。默克公司可以使用蒙特卡罗模拟，来进一步优化投资组合，包括每个细分备份的适当数量。

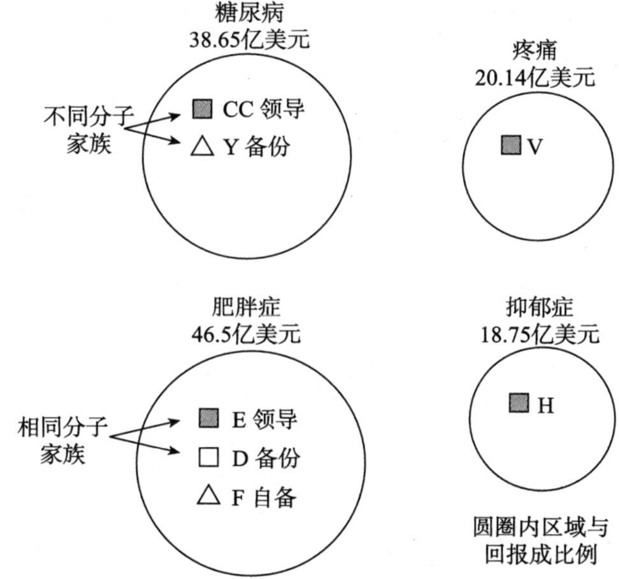

图 7—2　表 7—1 中包含的 4 种医疗需求的市场细分图

注：圆圈中的区域与预期市场回报是成比例的。画阴影的化合物是领导化合物，其余为备份。同样形状的细分所代表的化合物属于同样的分子家族，分享与相似的生物机理相关的同样的危机因素。

平衡开发与探索

在19世纪捕鲸的全盛时期，鲸鱼油灯点亮了美国千家万户。但鲸油生产在1850年达到顶峰的时候，竞争型技术——“煤气”和汽油却赫然出现。在不到十年的时间里，几乎家家户户都放弃了鲸油照明，如图7—3所示。煤油灯的优势也没有维持多久。1870年，爱迪生发明的电灯开始大行其道。鲸油制造商应该怎么做才能应对这些新兴竞争者？它有没有远景机遇，例如汽油和电力？也许没有任何鲸油公司能够预测如此飞速的转变。但每一样产品和每一个产业都经历着生命周期。选择创新组合的关键问题在于如何平衡探索新机遇和发掘现有机遇。

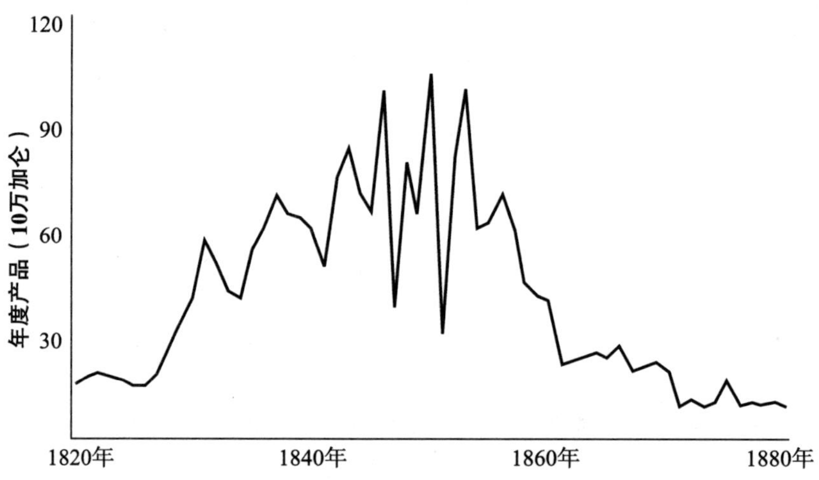

图7—3　美国鲸油产品的起伏

苹果公司于2001年10月推出iPod。它进入当时竞争异常激烈的MP3播放器市场的时间非常晚。当时，钻石多媒体销售它们的播放器Rio PMP300的时间已经超过3年了。在那时，几乎所有播放器都包含可以容纳10到30首歌的闪存功能。产业在迅速商业化，公司之间通过价格进行竞争。也有标新立异者在电池寿命和尺寸方面有所改变，但依然没有播放器能够脱颖而出。

苹果推出的产品iPod则完全无视传统的智慧。它比其他播放器更大、更沉，而且售价高达400美元，是同类产品价格的3倍。它同时包含1 000首歌的容量，快速的电脑连接能力，杰出的音乐管理软件（即现在的iTunes）。如在第4章中所讨论的，苹果公司的举措符合了一种叫做蓝海战略的竞争战略：与其在现有市场中进行价格竞争或者分抢大小已固定的一块蛋糕，苹果公司选择重新定义一个音乐播放器的构成要素。

在当时，和音乐相关的创新似乎并不适合当时苹果为专家和教育者创造高端电脑的战略。但它的投资额很小，而且公司正试图开辟一块新领地来给自己一个机会进行战略转换。而iPod成为通往掌上电脑的楔子。在撰写本文时，苹果已经开始运用其iPhone和相关设备来继续深化这种方案，而该产品系列有潜力成为未来十年或更长时间的增长动力。

未来开发选项在充满不确定性的今天最具价值，因此你应在高端市场与高科技不确定性领域投资至少几项机遇，即视野 3 领域。一个可以帮助你创建此机遇的规划工具是分三个步骤的战略清单方法。

1. 订立几个与市场和技术不确定性相应的战略清单。
2. 整个清单展示了你对探索和开发方面的重视。
3. 选择每个清单中的最佳机遇。

图 7—4 诠释了一个战略清单组合表。在此，一个汽车公司将 9 种市场和技术新颖性融合成为三个清单，与我们对三个视野的早期定义相对应。渐进式创新（视野 1），如对现有模型的调整，占据了公司创新资源的 60%。相邻市场的成长机遇和技术提高（视野 2）占 30%。探索机遇（视野 3），例如单人运输装置、实验燃料电池或者新兴市场占据其他份额。这个例子中的战略清单与三个视野相应，其他清单分类计划也都是可能的。

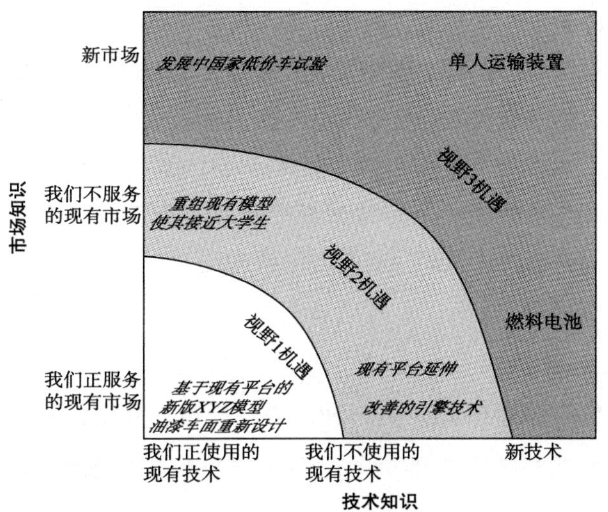

图 7—4　公司考虑的机遇

注：一家公司应当在熟悉的领域考虑机遇（左下），但也应当探索新领域，从而为未来战略举动创造选择。斜体字部分展示了一家大型汽车公司的项目案例。

战略清单框架帮助公司在保护现有地位和创造未来选项之间保持平衡。它有三个优势：

第一，简单制定出公司目前所有的创新活动，它帮助你迅速发现明显的、共同的错误，即过度注重遥远的未来或者将大部分投资放在产品延伸方面，而不对未来作任何小而关键的投注。我们没有任何方法或方针来量化既定公司的跨清单可选配置（例如，你的公司应当在远景机遇中投入10%还是15%）。简单地列清创新机遇通常能够帮你找到明显问题。

第二，如第 5 章所述，战略清单框架与用企业战略拉动创新机遇的理念不谋而合。清单的大小基于公司的成长战略以及在组合中已被确定的差距。

第三，战略清单框架确保了机遇的单个对多个的比较方式，而不再是“为车辆 X 探索新兴市场”和“改善油漆车间利用效果”机遇之间的比较。

然而值得注意的是，第三种优势同样也是战略清单框架的弱点。它要求每个战略清单中的资源配置独立形成机遇来为其他清单打基础。因此，你可能会投资于一个清单 1 中微小的机遇而放弃清单 2 中吸引人的机遇。

平滑收入

大多数公司宁愿每年推出一个机遇而不是每隔一年推出两个机遇。这样做的原因是企业在员工、实验室、工作室或设备方面有可持续的固定费用。可得资源通常取决于收入，因此资源是有限的。除非进行大笔投入，否则它们无法轻易被向上或向下调整。结合创新的推动以及竞赛，组合规划工具可以帮助你实现目标增长率，而这些创新被称为收入渠道。

要了解收入渠道如何实现目标增长率，可将其转换为产品推出，然后进入创新竞赛。请看下面的例子。

一个中型公司目前拥有1亿美元的收入，并计划在2014年将收入增加到2.48亿美元。为了实现这一目标，公司将从2009年开始每年推出一个主要的新产品。预计，每条生产线会从第一年的500万美元销售额增长到第五年的4 000万美元。公司通过四个阶段来操作创新竞赛（阶段1为第一轮筛选，阶段4为最后一轮）。

一旦公司启动计划，它可以先退一步来计算创新程序中每个阶段所要求的机遇流。这是从创新竞赛每个阶段的淘汰率中计算得出的。这些淘汰率可以反映出成功率。我们在第6章探讨过如何预测成功率。如果第4阶段的淘汰率为2，那么第3阶段就必须有两个机遇退出竞赛，这样第4阶段才能只有一个机遇退出。同理，基于图7—5所列的淘汰率，公司需要操作其创新程序，以确保每年在第1阶段都有96个机遇参选。这样的回报预测是有高度不确定性的。但分析迫使该公司通过创造和开发机遇来调和假定回报增长，从而支持增长。

从组合规划的角度，回报渠道支配了创新阶段中的资源配置，将回报平滑增长的机会最大化。它强迫你通过上游所需投资来调和回报增长目标。你不能期待没有提前几年事先埋下的创新种子会以两位数字增长。

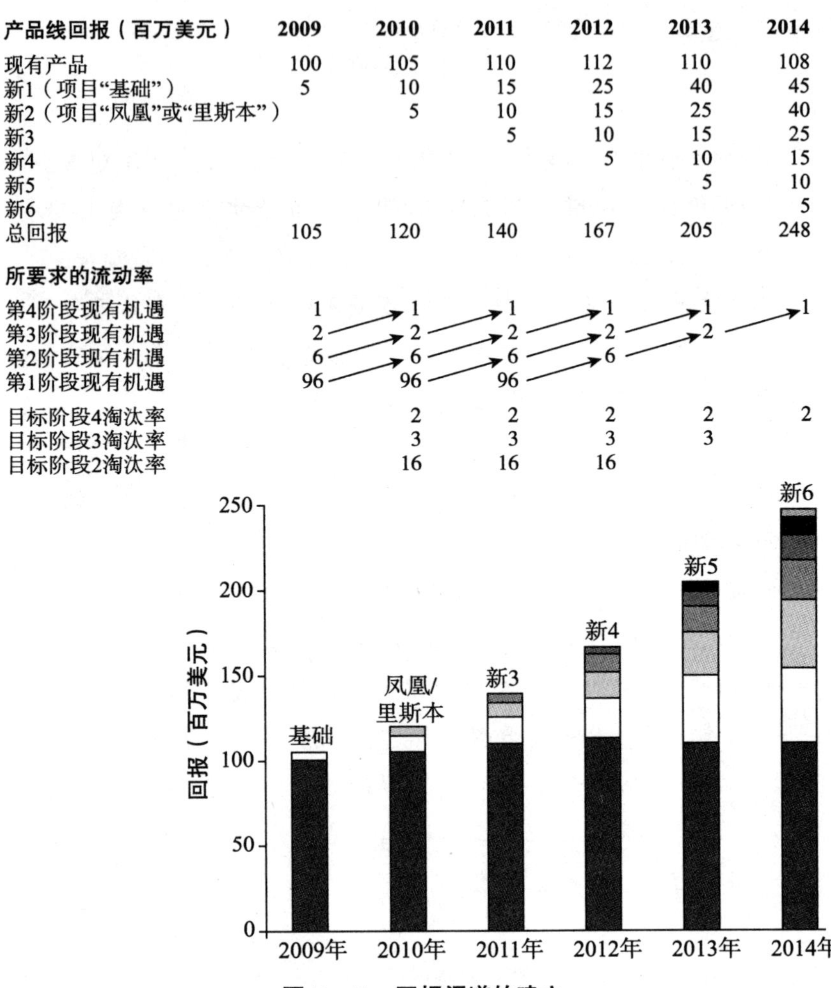

产品线回报（百万美元）	2009	2010	2011	2012	2013	2014
现有产品	100	105	110	112	110	108
新1（项目“基础”）	5	10	15	25	40	45
新2（项目“凤凰”或“里斯本”）		5	10	15	25	40
新3			5	10	15	25
新4				5	10	15
新5					5	10
新6						5
总回报	105	120	140	167	205	248

所要求的流动率						
第4阶段现有机遇	1	1	1	1	1	1
第3阶段现有机遇	2	2	2	2	2	
第2阶段现有机遇	6	6	6	6		
第1阶段现有机遇	96	96	96			
目标阶段4淘汰率		2	2	2	2	2
目标阶段3淘汰率		3	3	3	3	
目标阶段2淘汰率		16	16	16		

图 7—5　回报渠道的建立

注：回报渠道从对每年推动的创新的设想中建立。创新阶段的筛选率可以被用来推断要求的创新过程每阶段的流动率。

平滑的资源使用

收入渠道是一种自上而下的规划方法。你还可以采取自下而上的方法并检验你有多少资源以及正在考虑的机遇对这些资源的需求。

热门电影《玩具总动员》（*Toy Story*）和《海底总动员》的制作单位皮克斯动画公司以口头叙述想法的“投掷”方式开始其电影制作过程（在电影产业中众所周知），然后对这些想法进行选择和开发直到决定将哪一部电影做成动画，并保证5 000万美元以上的回报（图7—6）。

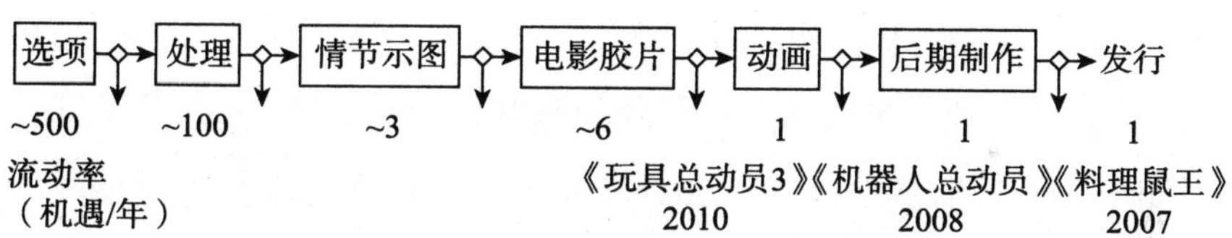

图7—6　皮克斯动画公司2007年创新过程

皮克斯的创新过程需要昂贵的人力成本，团队中需要写作、动画和编辑等领域的资深专家。现在，想象一下皮克斯公司的执行官在两个与表7—2中描述的未来机遇流向相关的脚本中进行选择。在两个脚本中，平均来说，每个动画有两个情节示图，每次发行都有三个动画。然而，方案2的吸引力比较弱。在一段时间中，在创新过程中工作的专家几乎被工作淹没，而在另一段时间中，他们却可能无所事事。在2008年，他们也许有八个故事，在2009年却只有四个。在 2008 年，其中一些故事可能面对持续的拖延，而在 2009 年，一些创造者却拥有大量的空余时间。

表 7—2　　描述皮克斯机遇流的两个假设情形

	情形 1			情形 2		
年度	情节示图	动画	发行	情节示图	动画	发行
2008	6	3	1	8	2	0
2009	6	3	1	4	3	1
2010	6	3	1	5	4	1
2011	6	3	1	7	3	2

企业资源不可能总是迅速调整，因此机遇流的不均（即波动的资源需求）会导致能力与需求的不匹配。这导致一些组合延误，能力延伸或者质量下降。

帮助你协调资源需求的组合规划工具被称为资源堆。根据你为创新渠道准备的数据（见前小节），你列清来年每项资源的工作。例如，资源可能是一个动画工作室的动画制作部门。图 7—7 为部门如何根据公司计划在 2008 年到 2011 年期间开发的 4 个新机遇（即短片）安排工作。例如在 2008 年，这些机遇需要动画制作部门将注意力放在：机遇 1 在步向终结，机遇 2 消费可用能力最多，机遇 3 已接近完成。资源堆明确了 2008 年的需求超过了团队可用能力，因此公司可以推迟一项机遇的开发，将机遇进行不同的混合，提升能力，引进外部资源，或综合使用上述方法。

资源堆不直接影响不确定性。**当机遇成功率相对较高的时候，它对开发过程的后期阶段所需的资源来说更加有用。**在一个更加复杂版本的资源堆中，你可以使用蒙特卡罗模拟来了解不确定性的影响，就像我们在分析机遇的财务潜能时在第 6 章中做的那样。

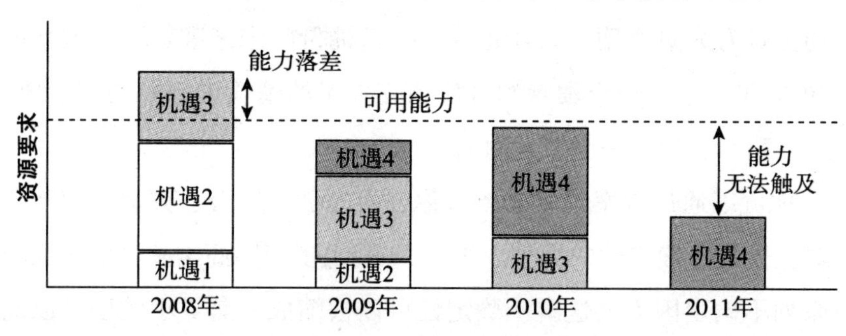

图 7—7　资源堆

注：资源堆帮助公司规划它在未来开发机遇的能力。这个案例属于动画工作室的动画制作部门为每个资源创造一个分开的资源堆。

在对你的资源堆进行分析的时候，一定要考虑你具备多少实力完成这些未来项目。很多公司过量使用它们的资源，不给现有计划以外的创新留下任何灵活性。但新的机遇总会出现——如果你顺应环境变化，机遇自然会出现。因此当你展望未来时，你应该为你的未来发展保留更多空白，将资源使用降到最低。资源堆也促使你协调你对资源可使用性的渴求。这种协调会促成逐一的调整。

抵御外部风险

大多数公司都面临很多的不确定性：供应价格曲线、竞争对手的意外举动、常规环境的变化以及新兴市场的繁荣和成熟市场的萧条。通过系统地向整个情境进行投注，你可以为未来做好准备。当丰田开发天然气与电力混合动力发动机的普瑞斯系列时，公司已经将赌注押在油价上涨和全球变暖上——这个赌注在今天看来显得比当初更具有先见之明。公司也为一个低油价的未来准备了体型魁梧的 SUV 和卡车。**一个理想组合应当在大量的情境内都能显现价值。**因此，我们要创建一个强大的创新组合。

你可以通过方案规划来改善你公司的创新组合。方案规划开始于对主要的不确定性的编类。表 7—3 列出了美国商学院当前面临的一系列不确定因素。这些不确定性可以被缩成一套更小的场景以显示得更加具体，并且降低处理所有单个不确定性的复杂性。这些情境在表格右边。

表 7—3　　情景规划

不确定性	情景			
	A 现状	B 价格压力	C 新示例	D 外国企业应用套件下降
1. 在线提供者不断面对学生的低成本教育需求		×	×	
2. 美国外交政策降低了外国人来到美国的意愿				×
3. 更严厉的移民政策限制了外国留学生与教师的流动				×
4. 主要才能促使关键竞争者将教育费用减少一半。		×	×	
5. 强势的地区竞争者出现在印度与中国		×		×
6. 经营公司持续雇用大学外的学生并对其进行内部培训而不是雇用工商管理硕士		×		
7. 学生坚持传统的课堂教育方法			×	

注：创建情景，列出主要的不确定性并且将其集结成组

通过规避不确定性，你要确保你选择的机遇在一串不同的结果中依然有所回报。你可以评估现有商业线和每个方案的现有机遇。表7—4展示了商学院伴随着一套机遇的4条主要商业线。对每一行，你对现有业务的前景以及每个情境下的机遇进行主观评分。

表7—4 收入阵

现有业务	情景 A 现状	 B 价格压力	 C 新示例	 D 外国企业应用套件下降
本科生	++	−	0	+
工商管理硕士	++	0	−	−
博士	++	+	0	0
特别教育	++	++	++	−
机遇				
全球执行工商管理学硕士	−	−	0	+
在中国合作开设工商管理课程	−	+	0	+
在线持续教育投资	−	+	+	0
学习技术投资	0	0	+	0
试验学习实验	0	−	++	0

注①：++代表非常高的收入，+为高收入，0为中等收入，-为低收入

注②：收入阵评估每个情景之下提供的每项产品或服务的地位。这帮助你评估你的组织内的整体风险。

不是只有商学院院长才能看到图中显现的影响。学校处在一个完美的位置上——如果未来也和过去一样的话。但三个替代方案可能会导致其表现的急剧下降。在5个机遇中，如果这个现状普遍存在的话，那么其中没有任何一个具有前途。然而，如果方案B、方案C或者方案D实施的话，其中的好几个机遇都会显得相当有吸引

力。这些机遇包括在中国合作开设工商管理课程、探索在线继续教育创业、进行经验学习的实验——这些都规避了方案 B、方案 C 和方案 D 的潜在破坏影响。

本章小结

回报曲线假设机遇是相互独立的。虽然它是一个强大的工具，但仍无法辨识机遇之间的相互依存的关系。

我们回顾了机会相互依存的五个方式：市场的同型装配、平衡开发与探索、平滑收入、平滑的资源使用以及抵御外部风险。这五种相互依存关系以及它们相应的组合工具可以分成两大类。

跨时平衡。正如回报渠道的目标是实现平稳增长，资源堆协助实现平缓容量要求。战略清单力争取得同样的结果，但这种做法需要跨越较长的时间框架，即跨越三个不确定性视野。平滑协助你获得源源不断的创新机会，因为你不能在一夜之间改变你的成本结构。

1+1 并不总等于 2。当两个机遇的目标为同一个细分市场的时候，它们创造的收益通常少于它们分别在不同细分市场的收益。这个结果部分是由市场的同型装配导致。但当你试图准备不同的未来方案的时候，你也可以找出对策。例如面对油价上涨，轻便的车辆功能可能和燃料电池一样重要。你一旦决定追求这些机遇中的一项时，需求以及其他价值就减少了。毕竟你不能为一座房子购买两套保险。1 加 1 也可能等于 3。追求同类型的两个机遇可能会受益于增效作用或竞争优势中提升的效率。

诊断

- 你是否按照你的市场细分进行了机遇归类？哪些可以被当做领先机遇，而哪些候选机遇可以当做备份？
- 你提供的产品正处在它们的生命周期的哪个位置？你是否在快速增长的市场中拥有产品，你主要活跃在成熟市场还是尚未到达增长阶段的市场？你对于开发现有领域相关的新领域探索的投资有多少？
- 你公司的财务增长目标是否关系到你的机遇发展？你是否知道在创新过程的每个阶段开发中应该考虑和开发多少个机遇来支持你的增长目标？
- 你何时规划你的创新机遇中需要的资源？你的创新渠道是否拥挤（被密集预定），是否为未来发展留出空白，以允许你有实力完成你会在未来创造的机遇？
- 你的行业的最大不确定因素是什么？你在每个结果方案中准备得有多充分？你是否明确搜索了每个可以帮助你规避弱势的机遇？

第8章

INNOVATION TOURNAMENTS

让成功的概率最大化：管理远景机遇

对于迪恩·卡门而言，赛格威个人运输车是一个远景机遇。他预计第一年的销售额将达到每月4万台，但赛格威五年只售出了2.3万台。投资远景机遇的风险无法避免，但是，你可以让成功的概率最大化。

赛格威（Segway）在2000年大张旗鼓地推出了它的个人运输车（图8—1）。领导赛格威的企业家迪恩·卡门（Dean Kamen）为公司规划的是在产品销售第一年的年底达到每月销售4万台。单台的售价超过5 000美元，因此年销售额将达到25亿。这种财富梦想吸引了著名风险投资家，凯鹏华盈（Kleiner Perkins Caufield & Byers）的约翰·道尔（John Doerr），他投资了8 000万美元。赛格威对于卡门和它的发明者们来说是一个远景机遇，代表着轻型，电池供电的个人交通设备的新兴市场的新技术的运用，但是五年以后，赛格威只售出了2.3万台，只相当于卡门原本预测的两个星期的效益。

图 8—1　赛格威运输车是两轮的电动个人自动运输装置

类似于赛格威没能成功拓展消费者接受度的失败案例并不少见。事实上，远景投资的成功率相当低。**当你工作在创新的前沿的时候，重大风险总是如影随形。创新者的问题不是如何阻止它们，而是应当选择其中的哪一个，然后将成功率最大化，将失败成本最小化。**

第 4 章对这项技术作出了分解——三个机遇区域的市场地图：视野 1、2 和 3（图 8—2）。管理近景机遇和管理远景机遇十分不同。远景机遇的风险是无法避免的。根据定义，它们代表了通往未知的飞跃。

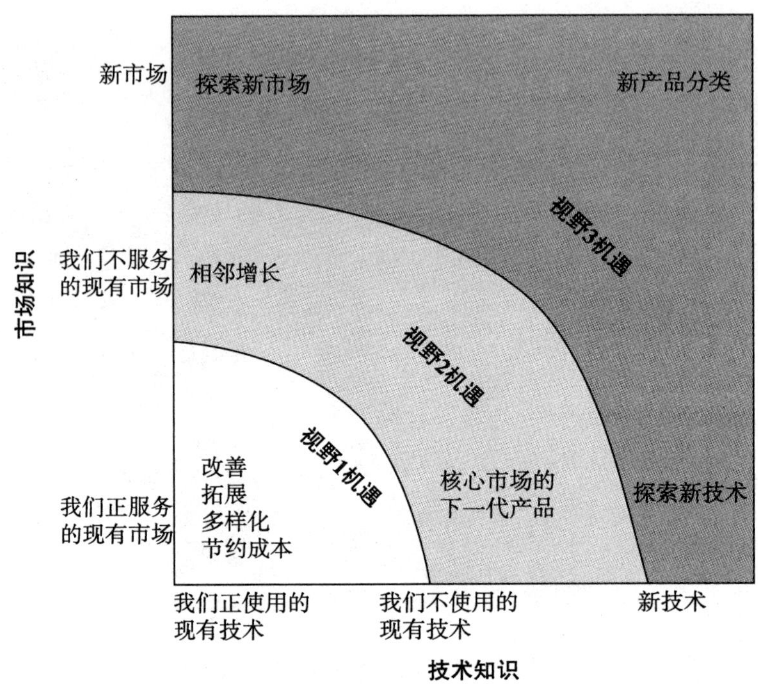

图 8—2　基于已知市场与技术延伸的机遇的 3 个视野

定义你的创新前沿

一个特定公司的创新前沿就是技术的边界线——在市场地图之外是你选择不去寻求的机遇（图 8—3）。确定你的前沿促使你去仔细思考你的实力和战略。一些远景机遇包含对世界来说完全崭新的技术和市场，包括一些曾经具有革新意义的创新，例如电视、留声机和飞机。但对大多数公司来说，远景机遇毕竟没有爱迪生发明留声机那样崭新和陌生。例如，戈尔将其生产膨体聚四氟乙烯的专业技术应用到对在没有间隔的牙齿空间内保持强韧的牙线的需求中。这对戈尔公司来说就是远景机遇，但这和莱特兄弟在小鹰号中的工作相比就显得小巫见大巫了。事实上，大部分现有公司的创新会出现在更接近现有市场与现有技术的地方。

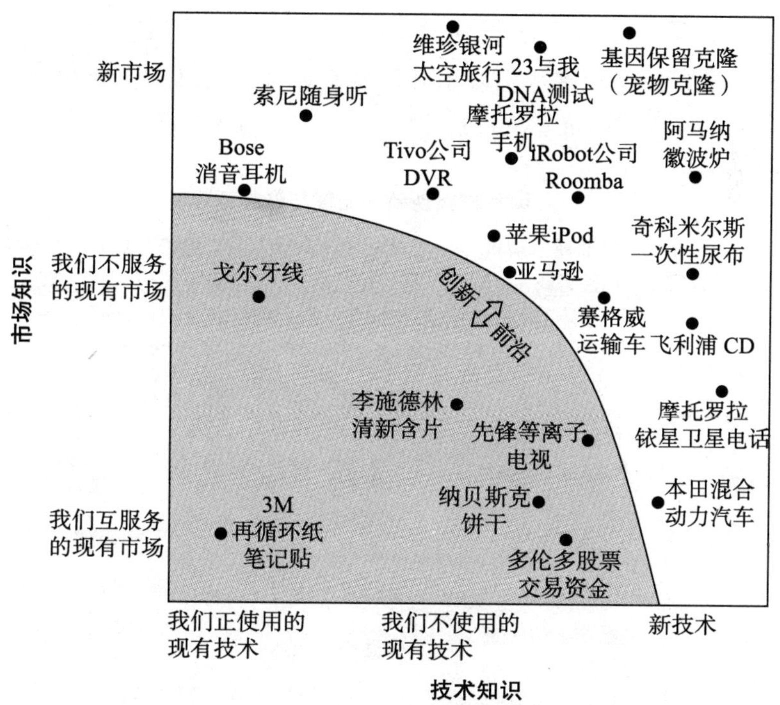

图 8—3　现有公司面临如何定义创新前沿的决策，即他们会在探索机遇时承担多少不确定性

对于作家与咨询顾问合作成立公司来投资远景机遇的情况，我们的建议显得更加模棱两可。我们不相信有一个适用于所有人的正确战略。表 8—1 给出了一些从远景机遇中取得高度成功的创新历史。

其中几个模式在表格中显得格外突出。首先，第一个获得成功的公司（标记为"第一个主流产品"）通常在几年时间里渐渐失去领先地位。在一个案例中，从领先到落后只花了一年的时间（在搜索引擎中），但在另一些案例中，这个过程则花费了超过十年的时间（例如录像机）。其次，在蓬勃发展时期领导一个类别的公司几乎都不是那些先驱们。比如，谷歌在2009年才在因特网市场占据垄断，Lycos原本领先谷歌。先锋和富达引领了共同基金业务，但马萨诸塞州的投资者信托才是第一个进入市场的。

表8—1　几项新种类创新的先锋与最终领导者

创新	早期商业动机	首批主流产品	巅峰增长期的领导者
有线电视	黑豹谷有线电视服务电缆电视1948	考克斯、威斯汀豪斯讲词提示机1960	康卡斯特、时代华纳、考克斯、TCI、有线电视公司、MediaOne 1985
紧凑型荧光灯泡	飞利浦、威斯汀豪斯1980	飞利浦、威斯汀豪斯、GE 1985	飞利浦、GE、威斯汀豪斯、N:视觉、喜万年1990
一次性尿布	PauliStrom 1942	Chicopee Mills（强生）1949	宝洁公司、金伯利.克拉克1961
微波炉	雷神1947	阿玛纳（雷神）1967	利顿1970
手机	摩托罗拉1973	摩托罗拉1983	诺基亚、摩托罗拉1991
共同基金	马萨诸塞州投资人信任基金1924	忠诚资金1928	忠诚投资先锋集团1977
个人电脑	麻省理工学院河谷电脑1975	苹果二代1977	IBM电脑1985
搜索引擎	Lycos 1994	赛德、AltaVista、雅虎	谷歌1998雅虎、微软2004
电视	德律风根1934杜蒙特1938	RCA 1948	Magnavox公司、契尼斯、飞利浦1960
录像机	安倍1956	索尼1971	松下1976

历史证据发人深省，我们相信，一些企业的正确战略可能是规避远景机遇，让其他公司进行远景探索，然后跟在后面坐享其成或者在他们证明机遇可行的时候试图占据它们。在这些要考虑的问题中，你发现你的创新前沿就列在下面，但最后一条是对远景中先行者的告诫。

◎ 新兴市场的传统入口。随着新兴市场的出现，很多企业涌入，但很少能存活下来。这种现象可以反映出过度乐观的期望以及群体行为。无论怎样，过度进入减少了领先者的利润潜力。

◎ 第一个吃螃蟹的优势。尽管与传统认知背道而驰，但研究表明，先行者往往无法主导市场。理论上来说，先行者可以开发专业技术，锁定坐拥稀缺资产，并从客户的挑剔喜好中获益。然而，先行者同样在公众眼皮底下有效地测试了市场与技术。它必须承担教育消费者的重任，而可能的对手则在一旁观望。

◎ 近景战略的生存能力。许多成功的企业在没有参与持续的远景创新的情况下保持成长和利润增加。微软可能就是最突出的例子。几乎其所有回报与利润都来源于跟随其他企业的创新而推出的产品或服务。微软 Windows 是基于施乐、苹果和其他公司的先期努力；微软 Office 也是基于 WordPerfect、Visicalc、Lotus、Aldus 和其他先行者的努力成果。

◎ 探索和开发能力。成功探索和发展新市场所需要的能力与开发现有市场的能力大相径庭。很少有公司可以二者兼得。第10章将谈到同一组织机构中两种方法共存所带来的挑战。

◎ 吸收能力。要坐等观察哪个远景机会最终能够脱颖而出然后匆忙进入其市场是十分容易的，可以从先驱者那里分得一杯羹。然而这种战略要求你拥有评估新市场的能力，而这种能力也被叫做吸收能力，它代表了在公司内发展机遇的能力。因此，将对远景机遇的探索结合起来的一个理由就是要开发评估和吸收科技的能力。

我们无法为你精确地指出你的创新前沿应该到多大的范围。这需要判断和企业的具体知识。但无论你做出什么决定，谨慎为之，并且在此前先考虑我们刚刚探讨过的五个问题。

架构远景创新任务

创新竞赛本身的性质决定了你会放弃大部分远景创新项目。在某种意义上，及时的放弃也应该是你在这类机遇的创新过程中的一个目标。你应当以尽可能小的代价去学到尽可能多的经验，才能够决定是否应该放弃一个机遇，或者更加少见地，进行进一步投资。我们重复在第6章中的口头禅："多些失败，早些失败，少些失败代价"。我们架构远景机遇开发任务的方法分为三步：

1. 在机遇可以被商业化之前列清需要完成的主要任务，并预测它们的成本和对不确定性的影响。
2. 构建对降低不确定性和对必须完成的任务做出理性命令都有效的任务序列。
3. 如果你需要迅速采取行动，考虑同时平行完成某些任务而不是按照顺序完成。

任务列表

你应当试图列出能回答关键问题的任务，然后解决关键的不确定因素。理想情况下，你可以将名单中的重大挑战限制在 5 到 15 个，以保证你对每个任务的顺序有个清楚的想法。表 8—2 是一系列任务和问题，赛格威在把它的动态稳定技术应用到个人运输的机遇开发初期可能也考虑过它们。表格罗列了每个任务、任务对不确定性的影响以及其预测的成本。对不确定性的影响由主管评级，按照 1 到 5 的标准打分。例如完成阿尔法原型可以解答对产品技术表现接受度的问题，而这正是赛格威的一个重大不确定性。同理，设计和组织供应链也能决定企业是否能够实现足够的生产能力。

表 8—2　　一系列可以减少赛格威创新机遇的不确定性的任务

任务	相应问题	不确定性的潜在减少	任务成本（百万美元）
A．完成阿尔法原型设计、制作与测试	产品的技术效果能否被接受？	••••	1
B．完成生产意图设计，工程修缮与生命测试	我们制作的产品有多么可靠和健康？	•	5
C．设计供应链并且创建生产设施	我们能否确立生产能力	•	3
D．争取通过州与当地政府建立新法规	在多少个州会将在街上和人行道驾驶运输车变成合法？	•••	7
E．申请专利	知识产权壁垒的范围？	••	0.10
F．为新公司招聘完整管理团队	我们能否创立结构与人员来支撑大企业？	•	1（+0.5/月）
G．进行消费者采访与演示	哪个市场细分对产品获利最有效？产品的核心利益地位是什么？使用者会在哪里使用该产品？	•••••	0.10
H．对竞争产品进行分析、客户调查和零售调查	目标价格点应该是什么？	•••	0．05
I．完成扩散模型、历史比较与购买意向调查	销售轨道应该是什么样的？	••••	0.10

注：对每个任务来说，对不确定性的潜在相关影响显示在 1 ～ 5 分之间，5 代表最大程度减少不确定性。

构建一个可行和高效的任务序列

在大多数情况下，最好的任务序列用最低的成本降低最大的不确定性。鉴于远景机遇的成功率低，这样的序列允许你在做出大部分投资之前放弃一个机遇（即让你小代价的失败）。然而要明白的是，不是所有的任务序列都有效果。你尤其不能在没有收集调查数据的情况下进行良好的销售预测，也不能在没有涉及产品之前组织供应链。可完成的任务顺序限制在图 8—4 中有所展示，这种方法叫做顺序图。顺序图展示了，例如，原型（任务 A）最好在演示、调查和预测（任务 G、H 和 I）之前完成。其他工具，如设计结构矩阵以及 PERT 网络图，则为布置任务结构提供了更加复杂的方式，但远景项目的详细等级如图 8—4 所示。

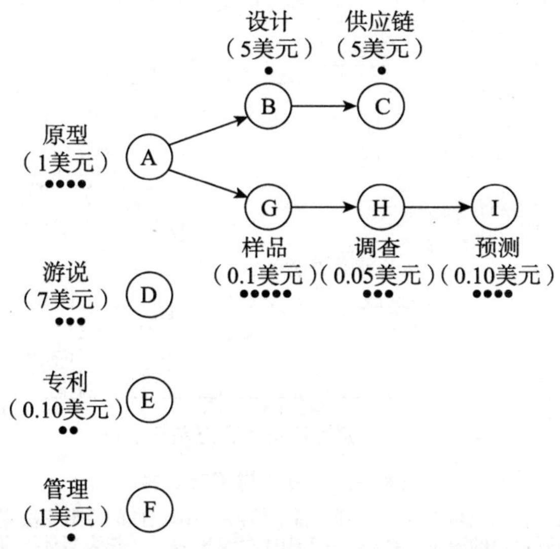

图 8—4　赛格威机遇任务之间的依存关系

注：每个任务的成本（以百万美元为单位）以及它对于不确定性的效果（点越多，减轻效果就越好）在每个任务图标中有所显示。

一旦你了解你的任务相关性，你就可以创建出有效而可行的序列。图 8—5 中出现了两个任务序列。上方的序列（大致和赛格威所追求的相似）显示出对不确定性缺少显著影响的昂贵任务已经被提早完成。另一个序列在其下方。在这个序列中，任务按顺序完成，有效降低了成本中一部分不确定性。在两个序列中，第一个任务是必须抢在别人之前制作完成一个原型。这样做会用很低的成本降低大量不确定性。但另一个序列则有所偏离。与其拖着全部产品往前冲——完成产品的意向调控和供应链的设计与完善，赛格威应该做市场调查，包括演示、调查和销售预测。

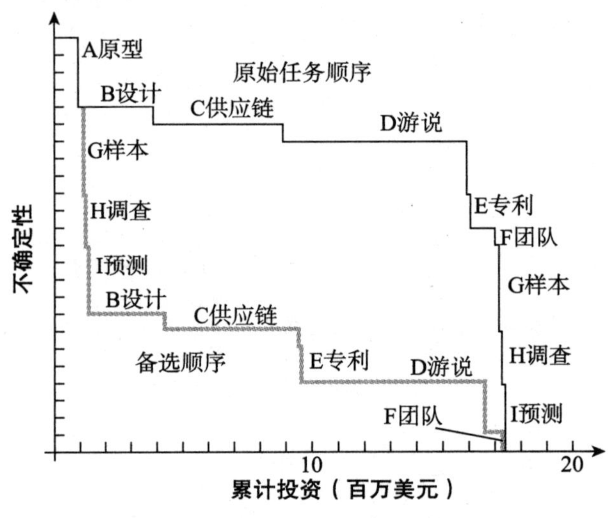

图 8—5　投资与不确定性

注：创新任务的投资应当减少不确定性。然而,不确定性的降低率决定于任务的顺序。此图描绘出了不确定性的减少，在表 8—2 中通过点来表示，作为累计投资的一个功能。

这些任务成本很低但却降低了很多不确定性。另一种序列可能导致决定放弃这个机会，或者更可能的是重新向发展努力。这个工作序列由此可以防止投资的浪费，例如，建立一个高容量的供应链对该机遇来说是不恰当的。

如果适宜的话，考虑平行任务来提高速度

一种针对远景创新的审慎、仔细分阶段方法的论点是，竞争者会逼迫你进入市场。这种恐惧在现实中很难立足。平均而言，新类别中的先驱公司并不会成为长期利润的领导者。我们并不是说永远不用着急进入市场。在某些行业，比如时装，市场的窗口开放时间非常短暂。而在其他行业，参与者可以利用自己的机遇进行“土地争夺”，比如囤积网络域名。但大多数时候，紧张的创新项目并不是远景机遇。

如果特殊情况下的确需要减少开发时间，那么有些任务可以平行完成。例如，表 8—2 中的任务 D、E 和 F——游说、专利和创造一个管理团队可以在任何时间进行，因为它们并不长期依赖于其他任务。这些任务的重叠明显可以节省时间。潜在的缺点是会导致成本的产生，即项目最终因设计以及产业链方面的原因而被放弃。

远景机遇中的陷阱

正如我们所讨论的，远景机遇是无法规避风险的。然而有时，创新者犯的常见错误会加倍他们的风险。有两个特例非常典型而且完全可以避免，因此需要特别注意，即：违反了“什么－而非－如何”原则以及高估新产品的扩散率。

“什么－而非－如何”原则

请记住我们将创新定义为供需之间的新连接方式。成功的创新增加价值，意味着用户将为解决方案支付超过其交付成本的费用。但就是因为解决方案可以满足需求并不意味着创新者可以从中获取价值，所以该方案必须有效控制成本。否则创新者可能颗粒无收。

我们再来看看赛格威的例子，其产品目的是提供可以在几千米内短距离运行的个人运输工具。赛格威的产品很成功地符合了这种需求尤其是城市辅路、机场和仓库环境中的行人环境。但这不意味着赛格威的创新创造了价值。**满足需求只是价值创造中的一个必要条件但不是充分条件。**

另一种所需条件是成本效率。赛格威的个人运输车售价超过 5 000 美元。在撰写本文时，这比塔塔汽车公司入主印度市场的入门项目价格要高出两倍。赛格威之所以昂贵是因为它的动态稳定技术需要两个电子驱动马达和几个复杂的位置传感器以及一个高层次的容错。只在少数情况下，动态稳定运输车可以击败一个电动机和一个简单油门的运输车。事实上，赛格威的市场定位中，竞争产品使用更简单的技术，成本也要低得多（图 8—6）。更重要的是，步行或自行车通常也能胜过赛格威。

图 8—6 Rad2Go Q

这款 Rad2Go Q 运输机使用不同的方案解决了赛格威的同样课题。它的拖地轮满足了对稳定性的需求，并将价格降低至 1 000 美元左右。

赛格威从一开始就假设能够引进一个特定解决方案——这是一个“如何”，然后去寻找和它的方案相匹配的需求。这种陷阱有时候被称为技术推动。赛格威不应该问“我们如何才能使用两个轮子的动态稳定技术？”而是该问“这项技术会为城市居民提供什么样的个人运输便利？”**先问“什么”而不是“如何”，通常就会拓宽解决方案的空间，而在其中就可能发现创造价值的创新。**

“什么 – 而非 – 如何”原则几乎总是成立，但也有少数例外，比如药品和基本材料存在于以技术推动位置的环境中。在这些产业中，创新者通常从化合物开始并试图探索它们的用途。这个过程并不高效但是不可避免。这些领域中的创新者并不具备科学“知识”与合成方法，来允许他们符合不太可能用到的“什么－而非－如何”原则。

远景创新的扩散率

几年前，我们和我们的一位博士生一起开车去参观一家公司，这名博士生刚从印度来到美国。当我们利用EZ通自动收费系统迅速通过一个收费站时，他盯着现金收费站那边的汽车长龙并感到奇怪“为什么不是每个人都有EZ通行证？”EZ通行制度（和其他地方一样）提供了一个清晰的、令人信服的优势，却用了6年的时间来占据纽约州高速公路的收费站30%的份额。事实上，EZ通被认为取得了巨大的成功。

远景创新扩散所要求的时间通常长到令人乍舌。**对于一个极度乐观的创新者来说，一个大陷阱就是让他相信他的创新有机会成为特例。**

但几乎所有的成功创新者都遵循了相似的扩散模式，图8—7中的网页浏览器和手机的例子可以阐述这一模式。缓慢启动，通过一个较快增长时期，然后大大减缓，市场变得饱和。然而不同的创新者却在启动和“起飞”以及不同巅峰增长率方面展示出极大的不同。要知道，这些都是创新者最终被消费者接纳的模式。大量的创新者

连起飞都没能做到。

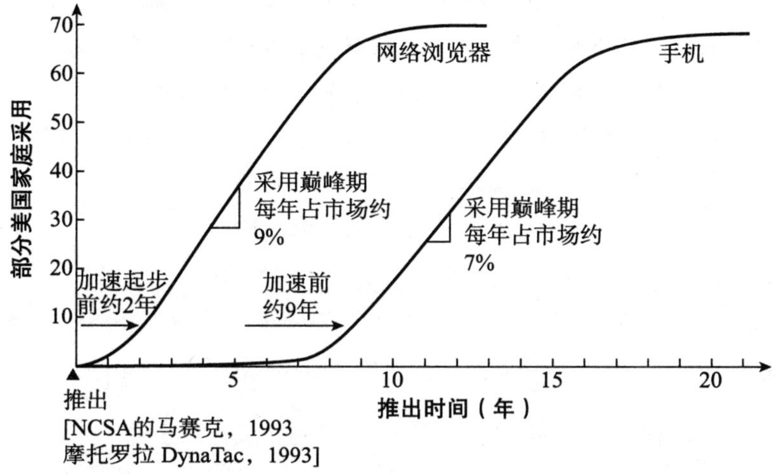

图 8—7　S 曲线

注：创新采纳遵循 S 曲线方式，该曲线显示了潜伏期、快速增长以及最终平稳期。这些曲线粗略基于大量资源的数据。

对于远景创新，我们没有任何办法可以在两年内“起飞”。1924 年推向公众的共同基金直到 1980 年才开始“起飞”。很多学者研究了这一现象，社会学家埃弗里特·罗杰斯（Evereff Rogers）表明，五个变量解释了消费者采纳创新的速度。

◎ 相对优势。这项创新比其他已经在使用中的替代品究竟要好在哪里？提供巨大优势的创新比那些优势微薄的创新更容易刺激行动。优势通常会加速时间、降低成本和优化结果。

◎ 预见能力。态度勉强的消费者如何欣然看到早期使用者使用这项创新？信息推动采纳，它的进展速率部分取决于观察别人行为的能力。

◎ 可试用性。潜在使用者会在不牺牲很多时间、精力以及金钱的情况下尝试产品吗？试用解决了不确定性，并降低潜在使用者的风险。试用越简单，创新的扩散率越高。

◎ 简单。创新的功能和使用是否简单？好处是否显而易见？

◎ 兼容性。创新是否需要使用者改变他们生活中的其他元素，或者创新可以被当做一个单一的、独立的行动？

表8—3显示了这些因素如何在一个创新样本中被评估。在这种情况下，我们对扩散的五个驱动因素的相关价值进行1到5级的主观评估。你可以在推动创新或者甚至在对一个创新进行持续投资之前做这种评估。当你手上持有评估时，你可以预测你的扩散率与远景创新的扩散率的比较结果。当你这么做的时候，请牢记，两年，是最短的开始期，而很多创新需要五到十年的酝酿才能有起色。

表8—3　　比较驱动几个远景机遇的扩散率的五种因素

	EZ通 自动计价系统	网页浏览器	手机	赛格威个人运输车
相关优势	不用等在收费亭前	快速、信息流通	无线通话，但是初期比较昂贵	比走路好？
可见度	对所有用户都很明显	不明晰	公共可见	高度可见
测试性	必须参与尝试	免费下载	需要合同	需要1万美元
简单程度	付款如何操作？谁来加载？	点击浏览	“发送”键？接受、覆盖？	这个怎么运转？动力是什么？
兼容性	所有车辆	所有电脑	适用于口袋和书包	储存？锁起来？去哪里骑？怎么充电？
预测的相关率	快速	非常快	缓和	非常缓慢
起步所需年数	大约3年	大约2年	大约9年	8年或更久……

本章小结

管理近景机遇和管理远景机遇非常不同。远景机遇无法避免风险，必须一步跨入位置。作为创新者，你面临的一个关键战略决策是你的创新前沿探索新产品和服务类别的程度。不是所有的公司都必须追求远景机遇。

鉴于大多数远景机遇不会提高商业化的价值，因此管理远景机遇的目的在于减少不确定性，尽可能降低投资成本。这个目标可以通过对追求机遇所需任务的结构分析来完成。

远景创新中的两个陷阱是：（1）违反“什么－而非－如何”原则。（2）高估了新产品的扩散率。随着对陷阱的认知，你可以学着避开它们。

诊断

- 你的创新前沿现在可以延伸多远？你对于可以确定前沿程度的五个问题考虑得有多仔细？
- 你确定你的创新任务的序列，从而用最有效的方式降低不确定性？

- 你所追求的机遇有哪个违反“什么－而非－如何”原则？
- 你如何确保你发展的解决方案会创造价值？
- 你对你的远景机遇采纳率的假设是什么？你会基于本章中深化的因素来预测扩散率吗？

第9章

INNOVATION TOURNAMENTS

做赢家还是输家：确定最佳机遇

制药公司生产一种新药，需要研究 1 万种新发现的化合物；电影制片厂制作一部电影，只需要考虑 200 到 500 个剧本。筛选机遇的漏斗具有多样性，你要为你的机遇选择最合适的漏斗。

一个制药公司平均会为一种药品产品考虑一万种新发现的化合物。一个电影制片厂会为制作一部电影考虑200到500个电影剧本概述。图9—1展示了这些令人生畏的比例。

我们已经注意到，各组织使用竞赛来对很多机遇进行筛选，保留可以成为效益创新的极少数。几乎所有组织都使用的基础竞赛结构是一个开发项目序列，经过过滤被分为赢家和输家。这种结构如图9—2所示。此图反映了过程中间接踵而至的新机遇中的现实竞赛的复杂性，而机遇也可以促使新的机遇诞生。

企业创新者，无论他们是在创造电影还是分子，通常把他们收集机遇的范围——从构思新理念延伸到准备进入市场的产品和服务，称为渠道，或者把竞赛过程称为一个漏斗，强调它们进入程序的入口“宽”，出口“窄”。（请注意这些隐喻都不是完美的。凡是进入渠道与漏斗的最后都还能出来，这和创新竞赛程序的真实情况是相悖的。）

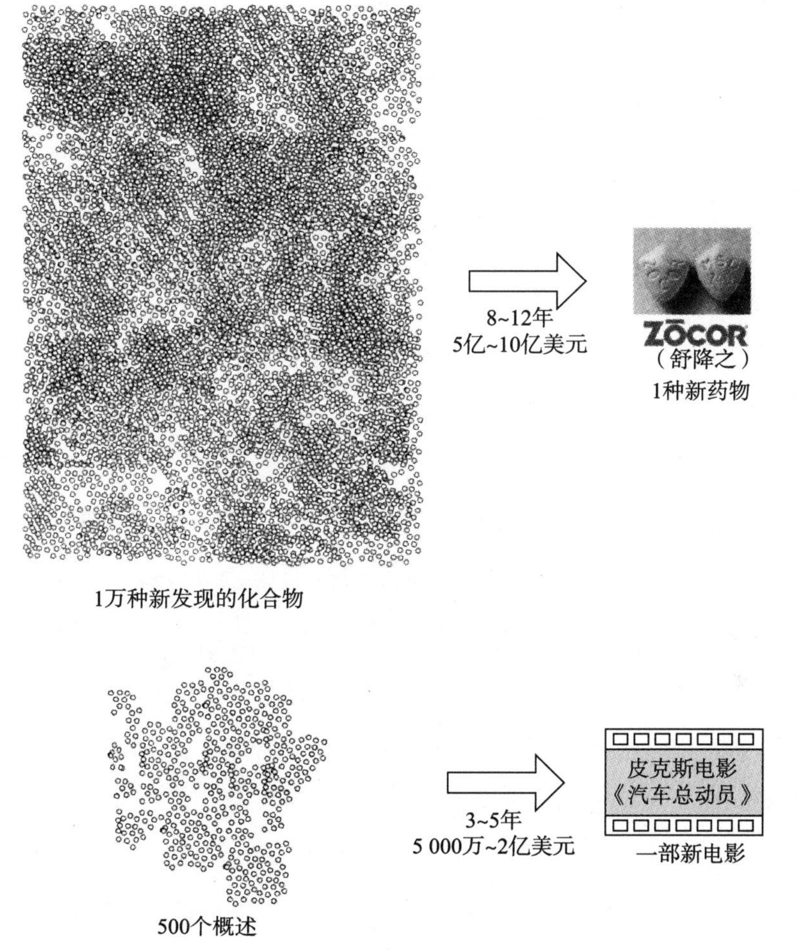

图 9—1　化学物与电影剧本梗概的评估

注：制药公司为每个新引进的药物寻找到的1万种新化合物进行评估。电影公司为每部电影的制作考虑大约200～500个电影剧本概述。

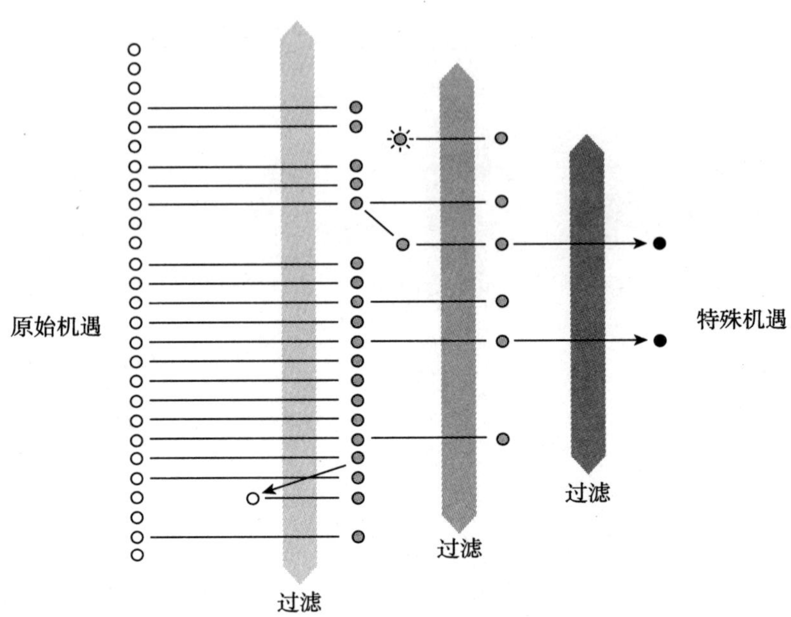

图 9—2　一系列任务与过滤被用于将原始机遇筛选至仅剩特殊机遇

图 9—3 显示了几个不同的行业漏斗的形状，以及与市场内与单一产品推行相关的创新过程的每个阶段考虑的机遇数量。请注意跨产业和产业内的漏斗的多样性。当你在考虑你公司漏斗形状时，你至少应该考虑三个问题。首先，漏斗的口该有多宽？即，每个进入市场的创新需要考虑多少个原始机遇？其次，漏斗颈的锥形有多尖？多少原始机遇会被立刻淘汰或者多少机遇可以存活到下一轮？最后，创新竞赛的纯晋级赛的程度应该是怎样的？机遇都严格向一个方向流动，而不是漩涡状流动，机遇如何才能回流到上游并且转化成改进版本？本章将解答这些问题。

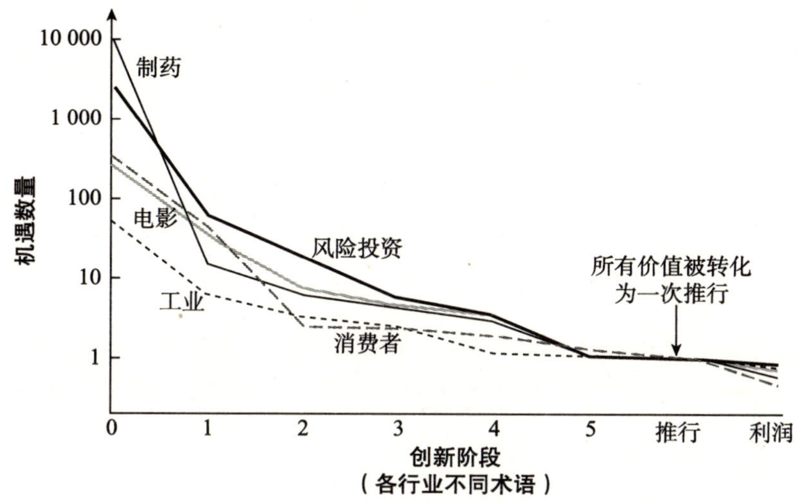

图 9—3　为最终推出的每项创新，在每阶段考虑的机遇数量

确定漏斗口的尺寸

乍看起来，漏斗口到底要有多大应该是个简单的问题。创新渠道的大略尺寸是由流入渠道中的原始机遇的平均质量决定的。因为 1 万个新发现化合物中的 9 999 个都是要么有生物惰性要么有毒的，所以制药公司需要检测平均超过 1 万个化合物来找到可以成为药物的那 1 种。因为电影公司可以找到可行的电影，那么在每 200 个电影剧本概述中，它需要考虑至少 200 个想法。这两种漏斗口的尺寸之所以相差 50 倍，是由行业平均成功率的 50 倍差距决定的。然而这里也潜伏了一个更微妙的问题。一个制作公司是否应该考虑 1.2 万种化合物而不是1万种？一个电影公司是否应该考虑300部电影剧本概述而不是200部？换句话说，一旦渠道根据产业典型概率决定尺寸，你是否应该考虑比平均值更多或更少的机遇数量？

和图9—4中自上至下的走向拓宽渠道口；这个过程会从更多的机遇中达到同样的商品化概率。其他因素不变，这一行动增加了企业的创新平均值。产品推出数量没有增加，但是平均质量增加了。通过考虑更多的电影剧本概述，皮克斯将提升发行的每部电影的质量。很简单，500部电影候选作品中的第一名就是能比200部中的第一赢得更高的赞许。

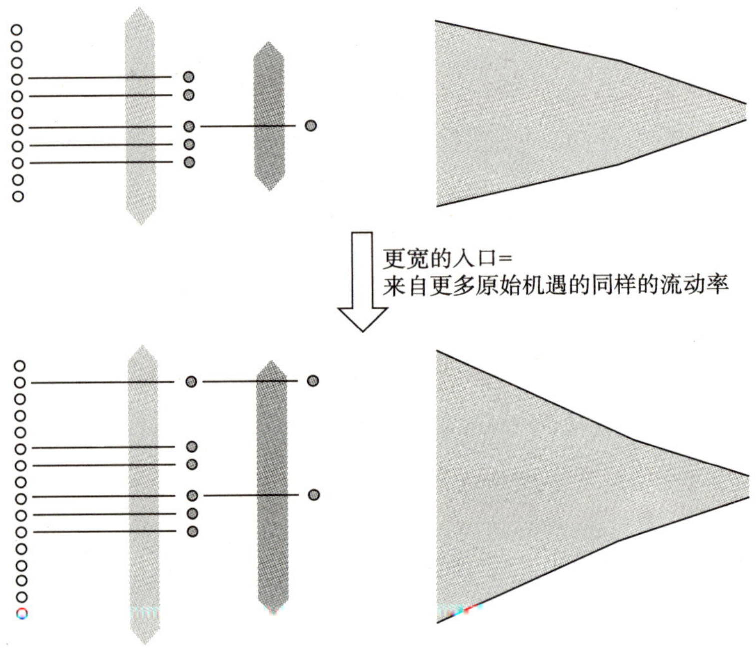

图9—4　创新竞赛的两种结构

注：靠下的竞赛多考虑50%的原始机遇，而追求同样数量的特殊机遇。

但是，仅仅因为你可以做一些事不意味着你就应该去做。拓宽漏斗入口意味着增加成本，而支出可能会超过你通过考虑更多机遇而得到的附加值。在你考虑是否拓宽入口的时候应该考虑三个因素：生成和筛选机遇的成本、你的机遇质量的多样化以及在确定已推出的创新价值时它们的质量。我们会轮流考虑每一个因素。但在我们这么做之前，我们需要指出在大多数我们遇到的背景中，漏斗的口应当被拓宽。因此我们虽然会解释这种信念背后的经济，但是我们想强调的是，**拓宽入口的决定不应当刻意取决于细微的分析，如果你“想做就做”的话，你几乎肯定会获得收益。**

生成和筛选机遇的成本

生成和筛选机遇的成本越低，你应该考虑的机遇数量就越多。如果生成和筛选机遇的成本极低而耗时也很少，你就应该考虑上百万个机遇然后再找出特殊机遇。相反，如果生成和筛选机遇耗时数年、耗资巨大，那么就让增加的机遇少之又少。幸运的是，在创新过程的早期阶段，生成和筛选机遇都是非常便宜的，一般每个机遇只需要几美元到几千美元。让我们来看一些例子。

- ◎ 产品和品牌名称。产品和品牌名称处在成本规模的低端。人们能够在每小时想出 50 个名字，而每个名字的成本只需要几美元。
- ◎ 新的产品和服务。我们运作过很多探讨新产品和新服务生成和淘汰机遇的研讨会，无论所涉领域是糖果还是咨询。

在典型的研讨会中，大约 20 位专家用一天的时间生成和筛选大约 200 个机遇。如果你将他们每天的工作评估为 2 000 美元，那么这些机遇平均每个花费 200 美元来生成和筛选。我们在不同背景下做这项计算，并发现每个原始机遇的成本范围在 50 到 500 美元不等。这些数据也包含咨询公司生成和筛选机遇所收取的费用。

◎ 娱乐。《美国偶像》(在美国以外的其他国家有很多同类节目)为识别天才的成本提供了一些证据——即寻找音乐产业的原始机遇。这个节目的工作人员去大约 6 个城市并对大约 10 万名歌手进行试镜。他们通过三个回合筛选候选人，将名额缩小到 100 至 200 人之后让候选人去好莱坞进行试演。如果处理和评估这 10 万名明星候选人的成本在 2 000 万到 3 000 万美元，其中包含明星评委的高额费用，那么每位潜在新艺人的识别和淘汰成本就在 200 到 300 美元。

◎ 医药。一种新的化合物样品往往从大自然采集土壤样品中提取，成本低于 100 美元。筛选每个对抗已知生物目标的化合物的成本为 1 000 至 5 000 美元。即使每个产品必须从 1 万种化合物中筛选，这些费用相对于高昂的药价依然显得相当便宜。

机遇质量的多样化

记得我们在第 1 章中所论及的，机遇生成过程并不像典型的生产过程那样需要尽量减少多样性。作为一名创新者，你从原始机遇质量的多样性的增加中受益。因为你在寻找少数特殊机遇，而不是那些不尽如人意的机遇。

如我们所知，机遇质量多样性的角色到近期为止依然只是一个理论概念。为了探索这个角色，我们在新的投资机遇生成过程中收集了数据并进行了分析。回忆我们在第 2 章中研究的由协作创造新业务的沃顿商学院高级工商管理项目的 47 名经理组成的小组辨认的机遇。这些成员中的每个人都有十年左右的工作经历，这些典型而教育优良的创新者试图创建有价值的新企业。我们请他们中的每一位去鉴别大约五个特殊机遇并通过我们的网络评估和概念分析工具 Darwinator 进行提交。这些执行者也按照 1 到 10 的等级逐个对他们的同学们提交的 100 个机遇进行了评估。Darwinator 平均了这些评估并且对机遇进行了打分。我们最终得到了 234 个机遇样本，每个样本都由 20 名同学进行打分。图 9—5 展示了 234 个机遇的质量预测的直方图。在这种分布基础上，我们可以看到高分机遇的确是特殊机遇；而执行者为每一个极好的特殊机遇识别了很多中游机遇。

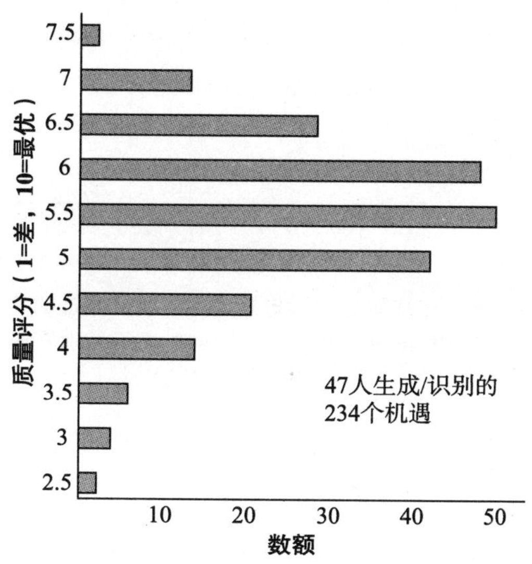

图 9—5　由 47 名商学学生生成的 234 个商业构思的质量分布

请想象小组只生成和考虑一个想法而不是很多个。它会有多好？如果在统计平均水平上，你会希望它是图9—5中得5.5分的想法。如果你再生成一个机遇呢？两个机遇中较好的一个会有多好？你会期望其中较好的在图中的位置会比你只有一个想法的位置要好，可能会得到6到8分，这会是个显著的进步。你鉴别的机遇越多，它们之中的优胜者的质量就越高。而你看到有进步的分数在遇到更多机遇参与鉴别的时候就会降低。图9—6阐述了这一想法。

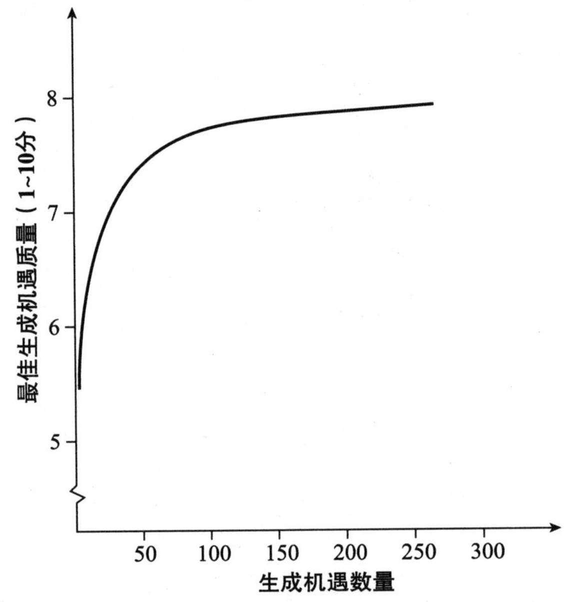

图9—6　生成机遇数量与最佳生成机遇质量的关系

注：最佳机遇质量即识别的机遇数量的一个功能，这些特别价值是为特别产业内容而存在。尽管该曲线形状类似交叉产业，但价值仍有所不同。

想法质量的多样化——“散布”在图9—5的分布中，决定了图9—6中的曲线形状。这些想法的分布越广，生成另一个想法对最佳质量的影响就越大。就像金融界的同行一样，当基本“价值”不变的时候，创新选项就更具价值。

一个实际问题是，如果你的机遇的质量差别很大，那么你会从考虑更多的机遇中受益。《美国偶像》的参赛者的唱歌水平良莠不齐的程度非同小可。制作单位对大约 1 万名参赛者进行评估来挑选出一位明星。想想看相反的情形，选择一个停车场服务员是怎样的过程。尽管有很多人更加胜任这个工作，但候选者能力范围大同小异。因此你只需要从几个候选者中挑一个人就可以了。

一个优秀机遇对决定价值的作用有多大

如果原始机遇对于创新价值贡献很大，那么寻找一个好的原始机遇就显得意义非凡。但如果几乎所有概念都可以变成一个可以正常发展的有价值的创新，那么原始机遇对于发展过程的意义就小了很多。显然，一个好的想法比一个烂想法要有价值。但它的价值到底有多大？ 10 分里面得了 8 分，还是 7.5 分？

默克公司的药物舒降之和皮克斯的电影《汽车总动员》展示了想法与想法之间的价值差异。舒降之的原始机遇是化合物斯伐他汀。对默克公司来说，舒降之的全部价值都来源于其生物特性，即在默克公司的研究者发现它之前就已经体现在化合物中。默克完全没有改变斯伐他汀的任何特性。这是尚未被开发的药物需求（降低血胆固醇），它的价值非常巨大，完全比将其用在现有的头皮屑治疗中所得到的轻微改善要宝贵很多。

对皮克斯的电影《汽车总动员》来说，原始机遇就是一句话的故事梗概，例如：名为闪电·麦昆的漂亮赛车半途去了水箱温泉镇，并在镇上发现了友谊和家庭的真实意义。在这种情况下，想法的确有其意义，但皮克斯魔法的巨大力量更多来源于电影剧本、动画、音乐、配音和指导。皮克斯想要一个引人注目的故事，但是它的成功因素很多。皮克斯也可以结合优秀的演员阵容、作者和导演，把一个低端故事变成大卖电影。对于默克公司来说，一个伟大的分子可以提供的利润比一个普通分子的利润要高 10 倍。对皮克斯来说，一个好的故事并不能比一个普通故事多赚 10 倍的票房。

整合因素，确定漏斗口的尺寸

将以上内容作为背景，让我们回到考虑多少个机遇的问题上。要回答这个问题，你必须权衡成本与拓宽你的漏斗口尺寸所带来的收益。要这样做的话你必须回答三个问题：

1. 要生成和评估两倍的原始机遇的成本是多少？
2. 在你的产业中，一项平均质量的创新和一项排名前十的创新带来的经济价值的差别是什么？如果一个产业内的创新数量是持续增长的，例如电影业中，那么比较平均创新的回报和前 10% 的创新回报就变得非常容易。如果你所在的行业很少存在数据，那么你最好基于一些专家的判断来预测这种价值差异。

3. 在你的行业里，原始机遇在确定经济价值中起到的作用有多关键？在回答时，请考虑你的行业在原始机遇的本质特性的重要性方面更类似电影业还是制药业。影响机遇本身重要性的一个因素是一项创新被竞争对手抄袭的速度是否够快、难度是否够低。如果与原始机遇相关的知识产权可以被严密保护，那么机遇可能就非常重要。

一旦你回答了这些问题，你可以主观判断出，你是否应该考虑这些原始机遇。正如我们所说，答案几乎总是你应该考虑更多。

要将这点转化成行动，请考虑商业供暖、痛风药品制造商以及散热产品的情况。公司业务发展团队通常每年为新产品和服务考虑50个构思。如果团队可以使用创新研讨会和积极争求员工意见的话，可以得到的机遇数量能增加一倍，而成本总共大约5万美元。参考历史证据，公司新产品或服务的平均净现值为1 200万美元，而新产品的价值标准差也约为1 200万美元。对于这家公司来说，原始机遇支配新产品市场的大小和成长，并决定了创新经济价值的一个可持续部分。原始机遇在很大程度上决定创新成果价值1 200万，还是2 400万，还是更多。这些价值的计算建议要将考虑的原始机遇的数字加一倍，只要将单一创新的机遇潜能通过减少标准偏差数的0.5%的转换来调整成本。在此，潜在利益要远远超出成本，不再需要做更复杂的分析。

经济学家的两种解读可能与我们的逻辑相反。首先，他们可能说，如果增加利润潜如此容易的话，公司早就已经这样做了。（这有点类似于一个老笑话，说一个经济学家会告诉你，地上不可能有100美元，如果有的话，别人早就把钱捡走了。）其次，他们可能说，在某些时候，当到达某个点时，生成更多机遇也不会再增加价值，而你可能已经到那个点上了。这两种解读在理论上都有效而且最终可能在实际中发挥重要作用。然而我们坚持相信，**创新管理依然处于起步阶段，比比皆是的机遇依然会大幅提高大多数公司的表现。**

确定漏斗的颈部

如果从现有原始机遇中选择一个可靠的冠军的话，你的创新渠道可以有一个宽阔的开始，然后在第一层过滤时就筛选到只剩下一个机遇，看起来就像图9—7中的竞赛。那将是一个令人满意的状态，让你减少麻烦以及减少通过多个开发步骤来追求多个机遇需付的开销。

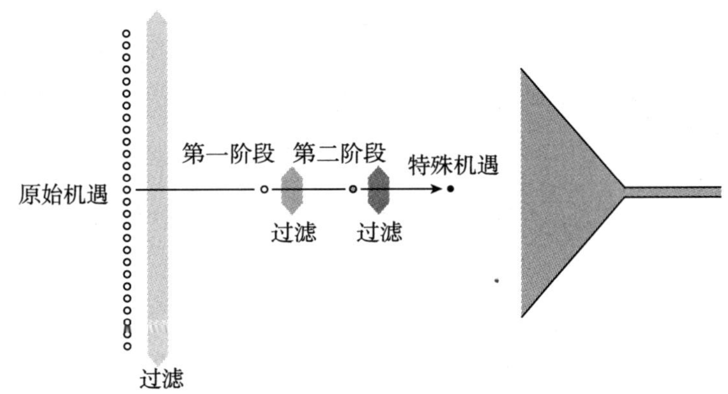

图9—7　原始机遇的过滤

注：如果你想确保从生成的原始机遇中挑选出特殊机遇，漏斗的颈就必须十分狭窄。

然而需要深思的是，我们从创新竞赛中得到的一些数据。图 9—8 显示了大约 50 个原始机遇的命运，它们经过了竞赛的三个阶段。第一阶段十分简短，第二阶段则有更加详细的概念，而第三阶段则是成熟的商业计划报告。在每个阶段结束时，一组由 50 位评委构成的团体对每个机遇逐一打分。在图中，我们根据质量分数纵向排列了这些机遇。评委根据质量分数和对推动机遇团队的热情筛选机遇，这就是为什么一些高分机遇没有前进的原因。（正如经常发生的，新机遇会在最后阶段到来。这些在图中表示为 8 个空白的圆圈。）

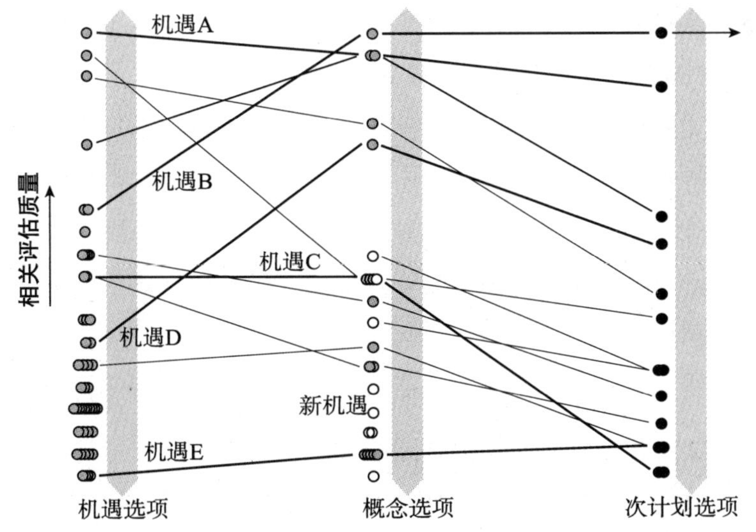

图 9—8　新投资开发的创新竞赛的三阶段的相关机遇质量
（开放的圆代表在第二阶段出现的机遇）

机遇 A 和 E 的轨道是有意义的。机遇 A 从开始到商业计划开发阶段始终得到高分。机遇 E 一举落败，不再得到改善。（在这种情况下，一个人支持这个想法，并且不管其质量得分高低都愿意追求它）。然而机遇 B 最初被低估，最高排名只到第五，却在商业计划阶段异军突起。机遇 D 也是持续提高，从低端升起。机遇 C 则在前半截排名靠前并在随后陨落。（在这种情况下，团队发现该技术是不可行的。）

在商业计划阶段评分最高的机遇——机遇 B 被商业化。我们不知道其他机遇如果得到进一步投资的话会产生什么样的效果，但我们可以清楚地看到，如果我们最开始只选择一个单一机遇的话，我们很可能错过机遇 B。如果我们选择第二或第三高分的原始机遇，我们会表现得更傻，错失所有排在前四名的机遇。

漏斗的形状是两个矛盾的解决方案——进入创新进程的后续阶段的机遇的比例。一方面，你面对一个关于机遇最终价值的巨大的不确定性，所以你要预先发现尽可能多的机遇直到你解决掉不确定性。另一方面，开发机遇是非常昂贵的，所以你要尽可能减少机遇来节省资金。

作为一个创新者，你面对的不确定性不只来自于你对努力满足的需求以及努力发展的解决方案的知识的欠缺，同样也来自于你预测未来的能力强弱。市场会因为我们预估之外的很多原因而变化。**推动更多机遇的好处之一就是你让自己有了灵活性，允许你对消费额或者口味、竞争以及技术的变化做出应对。**

一种使用你的过滤器的方法如下。根据你现有的质量预测挑选高质量机遇，然后考虑那些分数第二高的机遇，并回答两个问题：

通过下一阶段的开发追求这个机遇的成本是什么（这个问题通常很容易回答）？这个机遇作为待开发机遇中最具价值的选择可以萌生的机遇又是什么？后一个问题更难回答而且很难做出形式分析。如果开发机遇的成本相对较低，而又可能带来较高优势的话，那么你就将它纳入下一阶段的候选名单中。这个逻辑可以被成功运用于每个机遇，直到你确信你没有因为淘汰而错过任何一个最终的赢家。

瀑布和漩涡

到目前为止，我们已经将创新竞争描述为经过一个又一个阶段过滤的机遇流通。这种单向的机遇流通有时被称为瀑布式创新模式。在现实中，很少有创新的过程是严格的瀑布式。

另一种是漩涡式，在这种竞赛中，创新者提出一个创新观点然后寻求发展。根据每个发展阶段的经验教训，创新者可以对他的想法进行锤炼或者妥协，比方说，重新调整预期市场或者调整产品特点。漩涡式假设创新者可以即兴调整，从眼前的过滤下跌过程中学到的经验会带来更加谨慎的考虑或者替代品的产生。图 9—9 阐述了这种漩涡式和瀑布式模式。

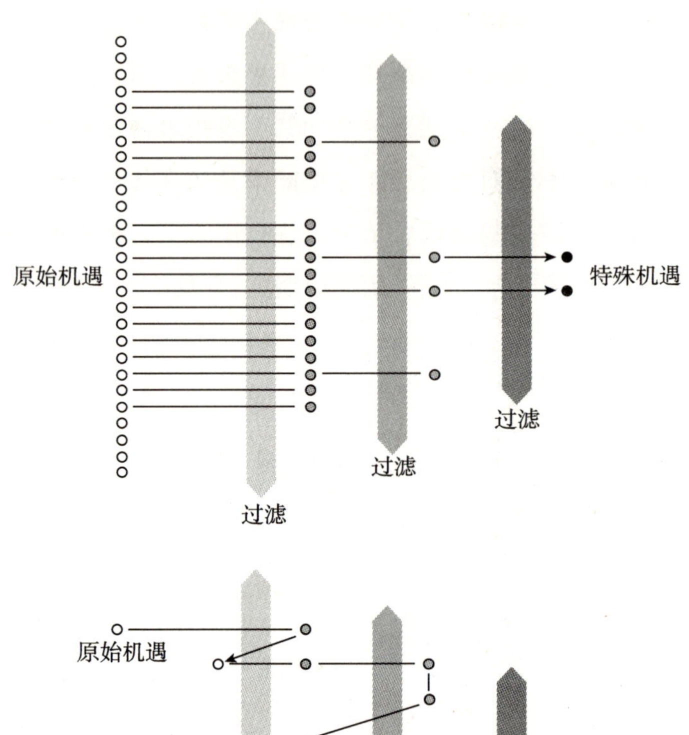

原始机遇
特殊机遇
过滤
过滤
过滤

图 9—9　瀑布式与漩涡式

注：在瀑布式（上图）中，机遇通过层层过滤，仅保留最佳选择；而在漩涡式（底图）中，单一机遇在不同阶段中打转，直到它被调整成为特殊机遇。

真正的竞赛几乎总是融合了瀑布式和漩涡式的特征。即使在《美国偶像》中，在年初回合中被淘汰的选手也可以回到下一期再次尝试。经验使得他们的演唱大有改观。然而，三个创新景观的性质决定了瀑布式和漩涡式占据基础竞赛结构的程度：

◎ 学习的潜力。生成与评估一个机遇是否有助于提高你改善机遇或者生成更好机遇的能力？一个极端是制药行业，其中化合物的测试几乎无法对未来化合物的辨识和淘汰提供任何指导。另一个极端是网络消费软件的新分类，其中对消费者行为和喜好的研究是如此丰富和有利，仅仅创立一个初期原型而不对替代选项做任何分析通常就是最佳的进行方式。

◎ 发展任务的成本结构。如果创新任务消耗大量的时间或金钱或者二者皆有之，那么你需要一次成功。但如果它们很廉价，那么你就可以勇往直前，即兴创作，因为你知道，基于你所学到的知识，你可以及时调整改善你的机遇。

◎ 时间表明确的重要性。瀑布式可以根据严格的时间表操作，而漩涡式的持续时间则不确定。如果你必须在规定期限内识别一个机遇，那么瀑布式的效果会更好。

我们的许多讨论和分析都是基于瀑布式的框架。这种模式稳定，机遇可以直接从一个阶段流入下一个阶段。当你将这些想法用到工作和产业的现实中的时候，你会不可避免地看到一些漩涡，机遇流回先前的阶段。通常来说，**瀑布式更加适用于早期的探索阶段，而漩涡式更适用于原型和测试的中期。**

例如，图 9—10 显示了一个 TerraPass 新标志的机遇。左侧是 24 个推荐的标志，设计师将其完善，使 TerraPass 团队成员可以对其进行评估。团队成员总结认为，他们习惯称为“阴阳”匹配的两个箭头看起来像一只眼睛并且能唤起人们对品牌的联想。在这种研究基础上，设计师又设计了 7 个标志，如图中间所示。团队对此进行了瀑布式评估，然后其中之一被完善并成为最终的标志。在这种情况下，探索带有不同见解的机遇，有助于为标志寻求最有希望的外观、主题和联想。

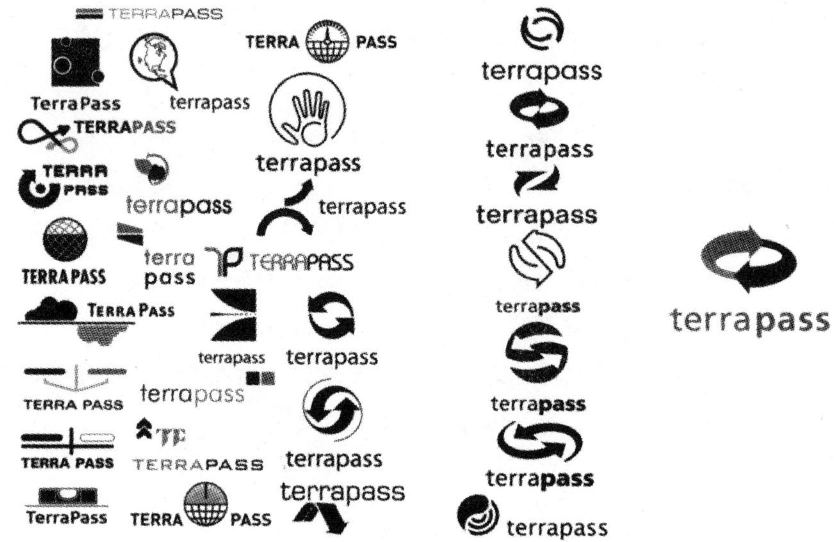

图 9—10　Terra 新标志的机遇

注：TerraPass 标志的挑选竞赛包括大约 23 个不同选项，衍生出 7 项阴阳箭头主题的标志，其中一个最终被修改并用作标志。

本章小结

组织利用竞赛来对多数机遇进行筛选，只保留极少数有利可图的特殊机遇。几乎所有组织使用的基础竞赛结构都是一个任务发展序列，通过筛选过滤来区分赢家和输家。各行业甚至行业内的创新过程中的具体存活率差异很大。筛选率决定了创新漏斗的结构。

确定创新价值的过程中，生成和评估机遇的成本、质量的多样性以及原始机遇的重要性对于决定你的漏斗的尺寸非常有帮助。但作为一个规则，最佳机遇的质量随着生成和评估机遇的数量的增加而提高。因此，生成的机遇数和商品化的数字之间的比率越大，由此产生的产品或服务的质量也就越高。

大多数公司没有生成足够的机遇。只有生成更多机遇，他们的新产品和服务才能得到改善。与此同时，许多公司因为每年都要更多的创新以及引进更多新机遇而感到压力很大。没有相关机遇生成支撑的增加的商品化扩大会降低你的新产品质量。

一些创新竞赛是以纯瀑布式的方式进行，所有机遇都是单向流动。其他则以漩涡式进行，机遇可以回流到上游，再次转变和改进。创新竞赛中漩涡式的数量取决于过程中的学习的潜力、竞赛阶段的成本以及最后期限的灵活性。

- 你知道你的创新渠道的历史流量吗？
- 每个阶段的淘汰率是根据默认值，还是你审慎地挑选他们？
- 将你生成和评估的原始机遇数量增加一倍的成本是多少？
- 在你的公司或行业里，创新所展示出的财物价值的多样性如何？
- 在你的公司或行业里，原始机遇的质量在什么程度上支配着已推动的创新价值？
- 你是否通过考虑创新阶段结构成本和你在每阶段面对的不确定性来仔细选择你的漏斗的形状？
- 你的漏斗操作更像瀑布还是漩涡？你是否应当根据学习能力、发展任务的成本结构以及明确时间表的重要性来将这两种模式进行协调转换？

第10章

INNOVATION TOURNAMENTS

4个决策决定成败：管理和治理机遇

你的组织是否应学习赫曼米勒依赖外部创造机遇？学习麦当劳集中进行产品研发？学习《美国偶像》对机遇进行相对比较？学习谷歌用“20%时间”概念强化创新文化？能否找到这4个问题的答案,决定了你能否做出、做好管理和治理机遇的4个关键决策。

本书的主题之一在于，创新可以作为一个程序得到管理。创新不只是期待灵光一现或者挖空心思找灵感，组织在创新过程中必须做出决策，而大多数公司往往在这点上做得很失败。因此他们的决策往往很不正式——如果他们做得出决策的话。

本章将介绍塑造你的创新过程的组织与管理的 4 个关键决策：

1. 你如何对你的组织进行配置来生成、感知和评估机遇？
2. 你会在多大程度上集中你的创新？
3. 你会促进你的创新竞赛中的机遇之间的竞争吗？
4. 你将如何塑造你的企业创新文化？

进行组织配置以生成、感知和评估机遇

我们曾在本书的其他章节中用电视节目《美国偶像》来介绍创新竞赛的方法。但其实，试镜不是新鲜事，而通过竞赛来寻找新人在音乐和娱乐业也不罕见。例如，纽约爱乐乐团常年寻找新音乐家并邀请他们试镜。在撰写本文时，乐团正在为单簧管、长号和低音贝斯的职位进行试镜。

一位有抱负的音乐家不会只到林肯中心寻求试镜，而是希望来自观众的掌声可以为他带来舞台上的一个位置。交响乐团的成员并不是由观众直接指定，而是由音乐总监洛林·马泽尔（Lorin Maazel）大师决定。乐团的网站甚至鼓励音乐家提交他们自己演出的录音。所有的乐团原本都只想要一份履历——如果你没有师从大师或者在有名的地方演奏，你能够进入林肯中心的唯一机会就是通过观众入口。

如果你反对这种不民主的做法，你可能更喜欢YouTube和Newgrounds.com用来发掘人才的方法。在这些网站中，任何人都可以上传自己的视频或者音频剪辑，在全世界面前进行试镜。

加里·布洛斯马（Gary Brolsma），一个来自新泽西萨德尔布鲁克市的胖乎乎的家伙，在2004年向Newgrounds网站上传了一个支名为《努马努马舞》的视频，视频中的他坐在桌子后面随着一首流行曲对口型和摆动。在三个月内，数百万人将这部视频下载超过7.5亿次。即使是纽约

爱乐乐团的首席提琴家使用有限的资源也无法造成这样的冲击力——或者成为这样非传统的人才。

在前面的章节中，我们探讨了创新竞赛中的两个主要功能：创造机遇和选择特殊机遇。《美国偶像》和纽约爱乐乐团的方法与甄别以及选择创新机遇的公司所能采用的方法非常相近。

公司通常从内部生成过半的机遇，无论是从研究实验室中还是从聪明的售货员的想象中。机遇也可以从外界生成，来源包括客户、大学或者独立发明者。可口可乐将这两种方法进行了结合，它自内部创造了健怡可乐、零度可乐以及其他几种成功的饮料。但公司同样也感受到了外部机遇，创造出几个矿泉水产品以及运动饮料 Powerade。

正如机遇可以从内部和外部生成，它们也可以通过内部或外部进行选择。在生成时，你需要决定你的选择关联。此前，我们解释了史泰博如何使用竞赛来识别新产品的构思（见第 3 章）。尽管史泰博的客户从外部生成想法，公司依然在内部对这些想法进行选择。相比之下，照明控制的主要生产商路创电子（Luiron Electronics）允许外部选择，有效地让其客户在其创新竞赛中进行评判。路创电子向市场投放了上千种产品，其中的很多产品都具有探索性，如果流行的话可以成为主要的业务线。外部选择可以通过客户借助网络或者媒体直接为提议的未来创新投票来完成。

如果你将“你的机遇在哪里产生”和“谁使你做出这些决定”这两个问题结合起来，可以得出四个可能的组织配置，如图 10—1

所示。在右上角，你可以看到一个类似 YouTube 的公司，依靠外界来创造和选择机遇。家庭购物零售商 QVC 公司的经营方式大致相似。它采用创新竞赛来寻找由小公司或独立发明者创造的最具希望的产品。然后它提供了播出时间，通常是在只有铁杆购物者和失眠者会收听的时段，以了解用户的初步反映。当你能搞清他们预订的产品数量时，为什么要使用昂贵的市场调查来预测客户呢？

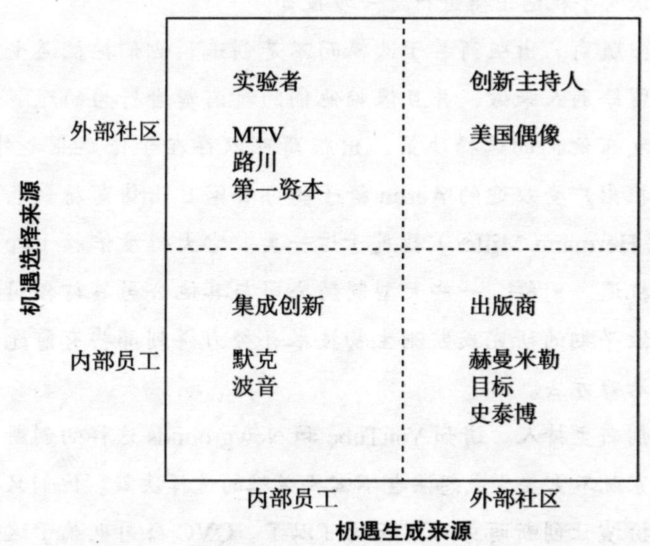

图 10—1 创新过程的组织布局；以右上到左下的集中增长程度

我们从图的右上角移开，不去看内部创新增长水平。将重点放在内部将会减少一个公司的想法的多样性，但它的确带来协调和效率的优势。在左下角，创新过程大部分在内部进行。

四个组织配置从而出现：

◎ 集成创新。创新发生在公司内，通常在单一的部门中。这种方法协助建立一个有效的组合并且促使创新者将他们的力量集中在他们最能支持其战略方向的地方。这个过程是可以进行严格控制的。

◎ 实验者。这些创新者的选择依赖直接市场证据。他们从内部生成机遇但是以公开形式在市场中测试机遇，以此来确认哪个机遇值得进行进一步投资。

◎ 出版商。出版商善于选择而不是创造。他们把机遇生成留给别人来做，并且依赖他们的对消费者行为的理解来发布他们的选择决策。出版商可以存在于传媒业之外。推出广受欢迎的Aeron椅子的办公家具出售商赫曼米勒（Hermann Miller）就属于这一类。它大幅度依赖于外部机遇。同样，一些大型制药公司与其他公司签订合同来做早期的研究或监测生物技术并努力得到那些有前途的治疗方法。

◎ 创新主持人。诸如YouTube和Newgrounds这样的创新东家既不需要生成想法也不需要艰难的选择决策。他们只要扮演让创新萌芽的市场就可以了。QVC公司也属于这一类。通过在有线电视中促销，它有能力迅速并低价地改进它的产品系列（基于客户回应的外界选择），通过运行创新竞赛，公司同样可以从独立发明者中获取新机遇。

这些组织步骤的设置没有对错之分。你的选择取决于你的公司的能力和你的运作环境。以马泽尔大师为例，他并不需要依赖观众调查来决定应该选谁来担任演奏会提琴家，他本人就是一位著名提琴家并在全世界各地指挥过交响乐团演出。由于他所接受的训练和他本人的经历，他知道优秀演奏家应该是什么样子，同样重要的是，他非常了解纽约爱乐乐团每个成员需要达到什么样的能力和奏出什么样的音色。MTV 导演则相反，他通常没有办法清晰的了解优秀机遇的构成。消费者对流行媒体的口味日新月异、繁杂多样，而观众眼中的有趣的节目或者迷人的表演究竟由什么构成几乎是无法预测的。**要找到答案唯一能做的就是依赖测试和错误，以及外部感知和选择。**

你的公司的成本结构也是决定你所采取的方法的一个重要因素。波音不可能简单地引进几十种飞机设计，为开发每种设计投资数十亿美元来看客户究竟最喜欢哪一种。

集中创新

第二个关键问题是你在何种程度上集中和协调你的分散创新活动。集中与协调对于小公司和新企业来说仅仅是颇具争议的问题，在宏观操作或广义生产线的组织中却显得格外突出。

机遇发展组织

创新的不同组织形式通常在创新过程的不同阶段占据主导，而对组织结构的改变通常发生在机遇进程中。图10—2展示了一个大多由机遇开发小组处理或者全部由公司或者公司内操作单位考虑的机遇的结构。（这种小组有时被称为业务发展或者高级开发。）在某一点上，一个团队通常会被提前分配给特殊机遇。

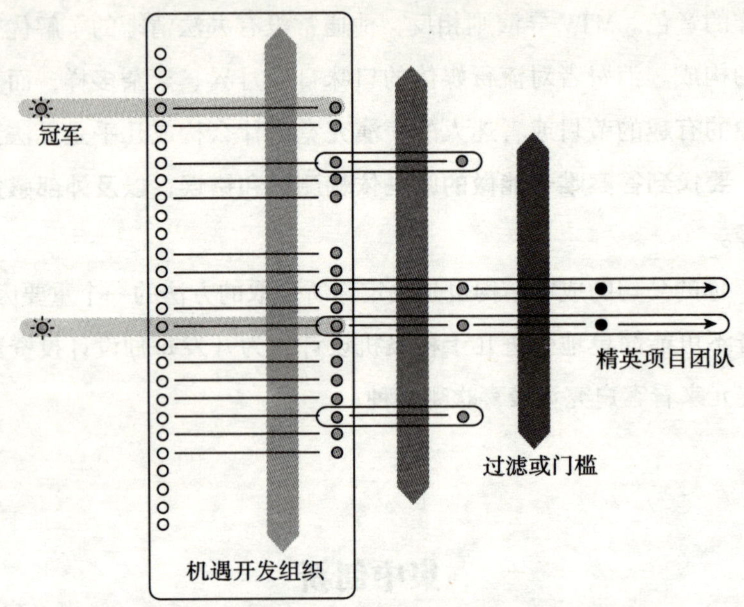

图10—2　机遇的结构

注：特殊机遇会成为其支持团队所做的项目。一个机遇开发团队通常会在程序初期就对机遇进行管理。机遇通常是由来自机遇开发组织外部的冠军所创造。

机遇开发小组通常存在于业务单位层面，并出现在多部门的企业的企业层面。在部门层面，创新程序注重现有业务线的新产品和服务。在企业层面，它着重于探索和开发新线路。

在创新过程的早期阶段，决策必须包括数十个乃至数百个机遇。拥有一个早期阶段的单一发展小组可以促进很多机遇的比较，并且更容易适应机遇生成的不确定性。在后期阶段，为每个机遇派一个团队提供了激励调整、速度和集中的优势。

即使你聘请了一个机遇开发小组，但一位对某个机遇的狂热支持者（一个捍卫者）可能会扮演一个重要的角色。而这个捍卫者不一定是机遇开发组织的永久成员。

并非所有公司都会使用分配明确的机遇开发小组。有些公司允许个体创新者自己构想机遇或者让小的小组我行我素。这些创新者用空闲时间来追求他们的想法。一旦一个机遇开始要求大量的资源，公司就正式对其进行评估并将其纳入公司范围内的机遇组合的组成部分。

协调边缘与核心

大公司往往由经营单位构成，这可能是基于地理划分的产品线或市场。我们将这些经营单位称为组织的边缘，因为它们是位于表面的——在前线，介于公司和消费者之间。大公司几乎总会具有一些核心中央职能。图 10—3 描绘了一个由 1 个核心和 5 个经营单位组成的组织，同时也显示了创新的 4 个可能途径。

◎ 核心到边缘。在第一个途径中，中央创新小组开发机遇并将它们送入经营单位。通常，边缘在公司应该将哪项机遇商业化方面拥有发言权——他们参与筛选。然而从总体上看，创新的发生就像是广播：一个中央发射器发送信息。麦当劳餐厅连锁就采用了这种方式：实验总是集中进行，而新产品则向外流入餐馆。

◎ 边缘。在边缘发生的第二条途径，几乎或完全没有中央的介入。迫于世界各地口味的多样性，很多跨国食品公司在不同的国家都有自己的研究和开发组。中央在他们的创新决策中扮演了很小、甚至不存在的角色。很多生产其他产品的公司同样也是在地理上分散，尤其是当他们通过收购来发展的话。

◎ 边缘到边缘。第三个途径可以将创新优势率先从一个边缘转移到另一个边缘。这种转移可能是通过员工之间的非正式关系而发生，也可能是由中央在中间代理。全公司范围内的会议或轮换方案这样的组织机制可以促进这种交流。

◎ 边缘 - 核心 - 边缘。第四个途径是从边缘走向核心，然后再反射回一个或更多个边缘。来看由德勤这样的专业服务机构所做的工作。总的来说，专业服务中的创新以团队的形式在边缘为其客户遇到的问题思索新的解决方案。但这种分权风险多样化的团队浪费时间和金钱，因为他们都致力于同一个问题。要避免这一点，团队就要让公司其余所有人都看见其创新，将创新提交给核心。在一个边缘 - 核心 - 边缘途径中，核心对边缘发现的机遇进行提炼和整理。

图 10—3 所示的四种途径的集中程度各有不同。核心 – 边缘方

法是最集中的方式，而单一的边缘方法是最分散的。边缘 – 核心 – 边缘方法则是二者的混合。

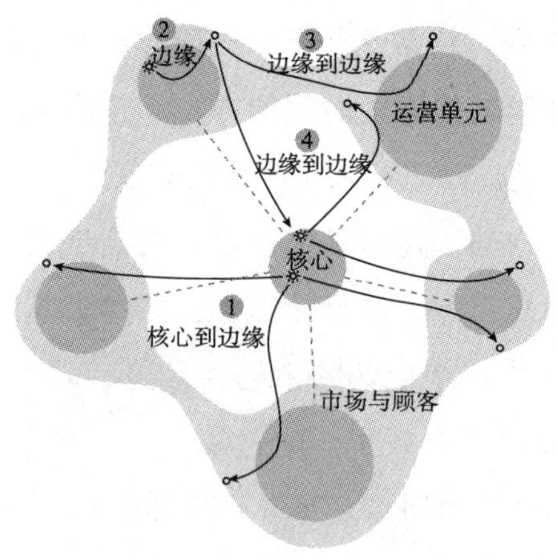

图 10—3　包括集中创新组织和运营单位的创新的 4 个途径

该集中方法赋予了标准化和规模经济的优势。如果每个边缘都独立运作，一个公司几乎无法将其产品和服务有效地跨组织标准化。此外，它的风险让客户对不协调的实验感到困惑。麦当劳的一个优势在于其质量在每个端口之间的高度一致性。在大多数情况下，你在世界各地都能看到同样的菜单，吃到同样的口味，无论你是在费城、旧金山、内布拉斯加还是在夏威夷吃巨无霸。

权力下放，就其本身而言也是有优势的。它促使创新的发生更加贴近客户，以使创新者有深厚的市场了解并且可以快速测试驱动新思路。它允许创新者的能量激增，因为大多数公司都把更多工作者安排在边缘而不是核心。它也允许更多的实验。不止有更多人在进行创新工作，他们的实验也不需要再得到中央票据交换所的批准与核实。

你可以将方法结合，从而受益于每一项方法的优势。诀窍在于强调在一个企业生命周期的不同时间的方法。若公司所在的新兴市场对不断变化的条件进行动态响应，那么它应该采用分散处理办法。在这种时候，接近客户与快速试验可以避免重叠与缺乏协调所带来的不便之处。设置增长目标，并且让边缘就如何实现目标作出自己的决定。当企业在运作一个成熟的市场并且担心成本过高的时候，中央集成的方法就显得更有效了。通过集中资源和产品线的做法，它提升了效率。路创电子的创始人乔尔·斯培拉（Joel Spira）所言："在混沌中增加新业务，在顺序中增加利润。"

机遇的竞争与相对比较

竞赛的概念让人们联想到竞争者争夺优势的景象。大多数竞赛中设置了绝对标准，机遇必须明确超过这一标准，然后组合内的机遇之间进行相对比较，选出最佳机遇进行进一步开发。对于《美国偶像》来说，工作人员最初根据绝对的演唱能力淘汰数以十万计的竞争者，之后保留一百名参赛者，这时才会涉及相对比较。大多数竞赛既有相对比较又有绝对比较。每个方法都有优点和缺点。

相对比较可以把你的创新组合的建立当做选择程序的因素之一（见第 7 章）。你可以把根据你的渠道容量而选择的机遇数量结合起来。相对比较还在机遇之间引入了竞争，迫使拥护者擦亮他们的机遇并明确阐述其优势。而绝对比较则相反，公司从来没有面对一个固定配额的纪律，因此可以相对放松质量标准，让更多的边缘机遇有机会进入渠道。组织也可以变得十分挑剔，让所有机遇都显得黯然失色。

当然，相对比较有时也会导致弱势机遇的前进。也许你的机遇创作灵感枯竭。这样的话，相对比较可以让你相信你所选择的机遇包含特殊价值。毕竟它们赢得了你精心设计和严格执行的竞争。但在现实生活中，竞争吸引了大部分弱者。相反，在强者领域，在更加正常的条件下被淘汰的机遇也有可能脱颖而出。相对比较就是这样笨重。简单地说，要在很多机遇之间做出比较非常难。相对比较只有在面对少于 50 个机遇的时候才有意义。

相对比较的最后一个缺点是，它可能让创新过程陷入停顿。相对比较要求你组织一批机遇然后逐个考虑它们。你可能无法足够快地让好机遇得到发展，因为你得等到它在你的四分之一审查会议中被探讨或者和一百个其他机遇做出比较后才能知道答案。一个解决办法是迅速清除任何会被高标准淘汰的机遇，然后只将这一批机遇中的精英投入到你的渠道中。

创造创新文化

文化理念的塑造意味着作为一名经理你知道你想要什么样的文

化。如果你已经这样做了的话，那么祝贺你。拥有明确的认识并且定期与你的员工进行沟通是创造你的组织文化的第一步。创新领导人如戈尔就创建了明确的创新文化。戈尔用类似图 10—4 的图去阐述其文化与价值观。整个文化的很多元素对于其寻求创新之路都十分关键。你也可以采取行动去指导和加强你的组织内的创新文化。我们在这里提出 5 点建议。

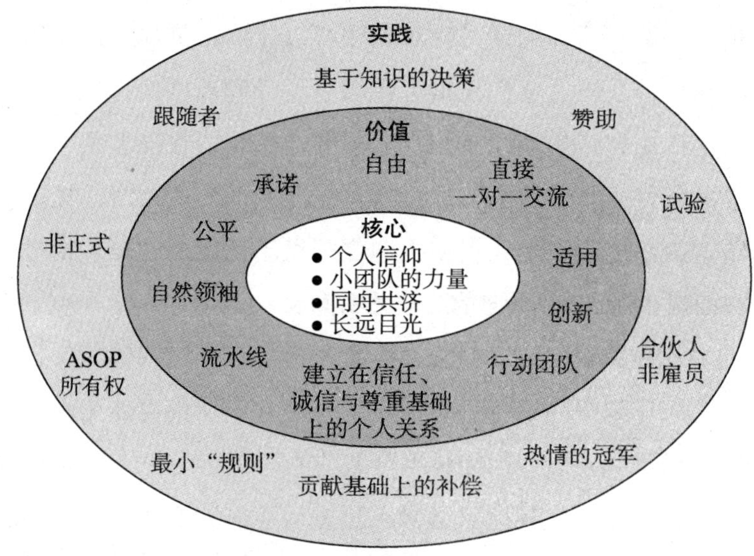

图 10—4　组织文化的一个例子

注：戈尔公司的文化图表包含核心（a）、价值（b）、实践（c）。戈尔公司的图标反映了其整体文化，其中很多元素都与创新有关。ASOP 指联营公司的股票所有权计划。流水线表示财政风险的水平。

激励和嘉许

如果你在意自己的创新文化，你第一个关注的应当是认可和奖励。最大的回报是得到晋升和承担更大的责任。你如何对这些事项做出决定将强烈体现出你的组织的价值观。几个重要的创新措施在此非常重要，例如确定机遇的质量和数量、个人与团队在解决问题上的坚韧态度、对于淘汰工作的执行质量和关心程度以及机遇分析。然而，3 个细节性的行为也可能会带来巨大的回报。

◎ 庆祝失败。放弃一项没有希望的投资是一个人可以做出的最重要的行为之一。及早这样做可以节省数百万美元。而人们往往不像他们庆祝优良投资的选择那样去庆祝失败投资的中止。口号“多些失败，早些失败，少些失败代价”会提醒你的员工，即每一场非常优秀的创新竞赛都包含失败。

◎ 为促进机遇提供奖励。我们不主张向专业创新人事提高奖金。但很多公司存在大量才思敏捷却并没有因为创新而收费的人。为这些人提供奖励可以鼓励他们站出来发言。奖励不一定要大，礼券或者企业服装往往就足够了。我们找不到更大奖励可以提升机遇质量的证据。过高的奖励可能导致有关发明者的权利和估评建议公正性的争论。但如果你寻求建议，你就应该认可他们并及时汇报他们的身份。比如在一周内认可他们，并在一个月内就他们的身份提交报告。

◎ 认可冠军。尽管我们对创新竞争管理的结构化流程充满信心，我们也相信个人的热情与支持在特殊机遇的发展中起到了关键的作用，甚至挑战大众坚持拥护的主张也是有价值的。它迫使人们对存在巨大但尚未被认知的潜在机遇进行仔细评估。通过一封电子邮件或者在一个性能审查意见中做出的一句标示，显示你的组织对于它的机遇冠军价值的认可。

竞赛透明度与竞赛规则

大多数机遇不会导致成功的商业创新，而你的程序与决策的透明度可以舒缓那些因为自己的项目被淘汰而受伤的人的自尊。此外，如果你的项目是合理而公平的，那么让你的员工看到和了解过程只会增加他们对你所做一切的信心。这是该创新竞赛方法的优势：只要规则清楚，大家都明白，一场比赛中的输家永远多于赢家。

为了确保透明度，你应该要求人们用同样的格式，同一个模板描述每一个机遇。模板可用于阐明机遇，分析财务价值，描述方案概念以及完成绩效评估等。它们可以像一对一提问或者标准的图形演示格式那样简单。

研讨会中的物理安排

20 世纪 60 年代的研究已经证明，人们的物理状态会对他们的沟通产生巨大影响。改变办公室环境可以重塑企业文化。一个非常简单的行为，比如在公共休息区摆放一台卡布奇诺咖啡机，也可以刺激非正式的互动。将不同功能区域的员工混合在一起——例如市场部和工程部，也可以促进更好的合作。开放式的工作区同样增加了信息的流通。在这两种情况下，随着以前分开的员工部门之间逐步开始互动，各种想法也开始涌现。**请记得，在一个创新竞赛中，古怪而质量参差不齐的机遇会提高创新系统的整体性能。**

你对工作场所的物理安排也在向你未来的员工发送信号。如果你想让人们享受合作，那么开放的楼层屏幕促进非正式的聊天将比私人办公间更加吸引他们。

招聘过程

公司员工即公司文化。你如何招聘新员工不仅对新人意义重大，对于已经在职的员工也有很深的影响。参看谷歌的策略：将技术难题公布公众，并邀请潜在员工接受挑战，提出解决方案。这就吸引了自信、聪明的申请人并且强化了精英与理性文化。你的招聘揭示了你怎样的文化？你的招聘过程是否包含你希望强化的文化元素？

充裕的时间

谷歌、3M 和基因技术（Genentech）公司中的几个公司使用“20%时间”概念——允许员工用他们 20% 的工作时间来追求任何激起他们好奇心的机遇。我们承认，这未必是一个分配人员工作时间的最佳方式——有些员工的创新可能需要双倍的时间，有的则要少很多。但它在行政上十分奏效，因为它传达了信任与个人主动的价值观。

一旦机遇已经超出其成长初期，它就可以进入一个更加正式的创新竞赛。

本章小结

组织公司创新的方法有很多，你可以将创造机遇的任务交给其他人然后将注意力放在选择上；你可以是一个实验者，生成机遇但把选择赢家的权力交给市场；或者你可以简单地主持创新过程，让你的组织之外的创新理念为你的客户做出贡献。

除了选择一个组织结构以外，你需要决定你的创新过程的集中程度。集中化带来效率但也受到苏联综合征的影响：规划和协调往往抑制创造力。分权则与此相反，它能够促成快速实验并创造很多新的机遇，但同时也有效率很低的问题。通常来说，混合设置的效果会比较好。

你可以分别评估每个机遇，让它们接受绝对质量关卡的考验，你也可以让它们相互竞争。两种方法都可以用在你的竞赛之中。

最后，你可以通过调整奖励、让创新比赛透明、创造有吸引力和开放的工作场所以及强调价值观的员工招募来塑造你的企业创新文化。

诊断

- 你是否考虑过组织配置的其他选择，比如依靠外部来控制你组织的创新活动的很大一部分？
- 你如何架构很多创新机遇的评估？你是否有可以同时考虑所有早期机遇的组织单位？专责团队应部署在创新过程的哪些部分？
- 你如何感知发生在周边的最有前途的创新？你如何将最佳机遇部署于分布式企业？
- 你的创新过程的核心角色是什么？边缘角色又是什么？你的创新过程是集中化的还是分散化的？
- 谁决定资源如何针对机遇进行配置？这推动了什么样的机遇？过程是否透明？
- 你渴望什么样的文化？你将如何阐述你渴望的文化？你采取什么手段来塑造这一文化？

第11章 INNOVATION TOURNAMENTS

寻找下一个大机遇

将创新视为一种可以管理的程序，是一场重要的革命。高效益的创新不仅来源于增加研发投资，更来源于系统地辨识更独特的机遇。如果你正在寻求创新，你一定能在本书中找到你的下一个大机遇！

本书的所有读者至少有一个共同点——他们希望自己的组织能有更多的创新。然而，仅仅是希望有更多的创新，是很难转化为行动的。组织往往遵循类似的模式，沿着同一条路线改善进步。在本章中，我们介绍了一个创新成熟度模型，它由 5 个等级构成，是实现卓越创新的路线。在确定路线后，我们为刚刚开始的组织和那些发展更成熟的组织介绍接下来的步骤。

创新成熟度模型

定义一个成熟度模型的常见前进路线是很有帮助的，至少有两个原因可以佐证这一点。首先，它创造了一个卓越的共同愿景，为组织改善创新过程提供了清晰的指导方向。其次，它承认，组织在创新道路上的进度不同导致了他们之间很大的差异。刚刚上路的组织接下来的策略和已经走出很远的组织的策略是很不同的。我们将通往卓越创新的路线分为 5 个等级。

第 1 级：反作用

在第 1 级组织中，创新通常发生在对外部力量的响应上。客户想要产品的改进版本，竞争对手攫取市场份额，或者监管促生新的经营方式。组织中的少数人能够站起来充当先头部队。通常，这些创新者需要避开现有的规则和程序来猎取需要的资源。他们在发展机遇的同时隐藏最高管理层的实力，直到新产品或新服务成熟到可以被当做既成事实提出。如果高级管理人员想完全跟踪创新，他们就要依靠聚集消费率这样的措施和诸如市场份额和消费增长这一类市场指标。因此，他们往往只是回顾性地衡量创新。

第 2 级：结构性

在第2级组织中，高层管理人员已经宣布创新为企业目标。通常，他们指定一个人作为首席创新执行官，并且通过文字发布来为公司的年度汇报添加活力。公司开始使用结构性创新程序，甚至有可能举行公司范围内的创新竞赛（不要将创新程序与许多公司会广泛应用在产品开发中的阶段－门槛程序搞混。创新程序包括对特殊机遇组合的识别，而大多数阶段－门槛程序将机遇看做既得的，并在开发阶段推动特定项目。）经理也许会使用某种方法来衡量创新，例如从新近推出的产品和服务中得到的回报比例。衡量继续以过去的创新为主，而并不是去展望填充渠道的新机遇都有哪些。

第 3 级：控制

一个第 3 级组织从只是拥有创新程序进步到设计满足其战略需求的程序。经理有效监督过程，所使用的方法包括明确每个阶段的机遇数量、识别机遇的成本、筛选率和财务成果。基于这些资料，他们调整设计工艺并思考制造或购买的决定（“我们应该在内部追求什么样的机遇？”），筛选率的幅度（“我们的漏斗形状应该进行怎样的优化设计？”），以及创新能力的分配（“我们的创新过程中的瓶颈在哪里？”）。

第 3 级管理人员也使用组合工具来指导新机遇的创新并调整选择高战略价值机遇的标准。这使得该组织更加灵活并且为未来的各种方案做准备，也许会进行一些视野 3 机遇的实验。

绩效测量变得更加复杂。它把企业层面与创新活动利用第 7 章介绍过的组合工具进行连接。因此措施应当不仅向后看，更应该在创新渠道的当前状态的基础上预期未来的财务业绩。

第 4 级：内部化

过渡到第 4 级组织需要很大程度的组织化。第 2、3 级创新背后的驱动力通常都是由高层进行管理。第 4 级则将创新的重要性完全内部化。创新过程完全贯穿组织内部，而不需要高级管理层进行推动。第 3 级的过程纪律与组合规划工具促使组织从由上至下和由下至上的矛盾中获益。在没有第 3 级结构的把握的情况下，鼓励每个人进行创新可能会让组织陷入一片混乱和沮丧。

管理人员继续把重点放在通过组合规划设置战略方向上，而创新组合则发挥强劲的作用（见第 7 章）。因此，该组织准备应对在操作环境中出现的变化。尽管公司的战略意图是明确的，个体员工依然有足够的时间、知识、自由和资源来设想在任何领域的机遇并且将它们提交到创新竞赛中。

第 5 级：持续改善

即使是最好的程序也受益于不断的改善，正如品质圈或管理方法改善团队可以改善制造系统，创新过程也可以得到持续改善。第 5 级组织中的工作人员已经掌握了第 1 级到第 4 级的所有工具与方法。他们不断衡量他们在创新过程中的表现并设法不断对其进行微调。例如，他们检测以往预测的准确性并利用该信息来调整目前的预测。他们充分整合创新理念与财务规划。表 11—1 中总结了这 5 个等级。

表 11—1　　创新成熟度模型的 5 个等级

	第1级：反映	第2级：结构	第3级：控制	第4级：内部化	第5级：持续改善
人物	个人英雄行为、技术能力	高级管理层进行优先创新	高级管理层定义创新战略并使用组合规划工具以及/或者定义选择规范，帮助实现其战略的项目。	全公司范围使用创新工具；创造机遇具有战略目标（而不是单纯的选择），为员工提供充分时间来进行创新。	由上到下和由下到上的持续对话
程序	没有正式程序	高级管理层进行优先创新	创新行动遵循整体过程	创新是被持续制定的；过滤率等决策是由——购买、缓冲等决定的。	持续乐观化
表现方法	增长	新产品率	所有阶段的流动方法，包括输出（回报曲线）	预测的详细方法（财政、成功率）	决策者采用的持续方法与回报
目的	应对外部震荡（客户需求、法规、技术挑战）、防御性、主要专注于视野 1 和视野 2	将创新行动正式化、结构化，增加整体创新能力、注重增长	识别特殊机遇，迅速做出反应并为情景以及/或视野3机遇的试验做出准备	建立世界各洲的广泛、吸引人的健康组合	积极寻求改变和细分

发展组织的第一步：创新研讨会

要学会游泳的唯一方法只有把自己弄湿。没有池畔健美操或者录像教学会比直接跳进水里更加有效。这与追求卓越创新的第一步有异曲同工之妙。最终，**能够取代理论探讨、雇用顾问或者阅读更多书籍的唯一办法就是开始实践。**

要改善管理，一个很重要的字面概念就是“小赢”。为了让人激动，创造动感并建造势头，你必须做一些有意义而不会消耗太多原始资源的事。我们发现，一个为期一天的创新研讨会往往可以提供你需要的那种成功。

一个典型的创新研讨会通常需要20到40名员工。对于小型组织来说，这可能占了员工中的很大一部分。而对于大公司来讲，你可以组织多个研讨会。无论哪种方式，你都应招募尽可能多样化的参与者，将员工进行跨部门混合——不要举办单独一个营销部研讨会和会计师研讨会。

表11—2提供了一个为期一天的研讨会可能的时间表。它开始于一个高级管理人员的开幕词，强调公司对于创新的承诺、创新在公司的未来中扮演的角色，并介绍一些过往的内部创新成果。主持人则对本书中提到的竞赛框架提供概述。

表11—2　　创新研讨会时间表

	创新研讨会的时间线	创新研讨会准备工作
8：00	动员和开放发言	邀请20～40个人
8：15	回顾过程，对创新竞赛进行迷你演讲（看幻灯片）	选择投票方式
9：30	机遇辨别（个人与团队）	准备紧急刺激表格
10：30	选项机遇——多项选择（贴纸或电子选票均可）	准备闹铃来确保2分钟规则
12：00	午餐休息	下载幻灯片模板
13：00	将机遇分为视野1，视野2、视野3，确认大多数具有潜力的机遇，探讨战略需求	图表或透明描述机遇
14：00	辨认寻求大多数潜力机遇的绊脚石	
15：00	表达与行动	

注：创新研讨会应着重强调机遇的创造与筛选。这样的研讨会必然会产生超过100个机遇，其中只有20~40个机遇会被递交，一小部分可能是特殊机遇。

在下一阶段，大约在研讨会进行一个小时的时候，参与者开始专注于寻找机遇。你可以允许参与者研究任何产品或者服务的挑战，或要求他们解决一个具体的战略需要。我们发现，群体是最有生产力的，如果个人花费大约20分钟单独工作，那么他们进行协作的时候每个人都可能会确定5个或更多的机遇。对于努力生成机遇想法的研讨会与会者，你可以派发一页的“紧急经济刺激计划”来协助刺激他们的创造力。(参看表11—3，一个寻求有关健康和保健的机遇的公司所提供的活页样本。)

在个体阶段后，安排4、5个人一组组成参与者小组，并让他们探讨每个组员所设想的机遇。指导他们识别任何在探讨中可能出现的机遇。然后每个小组会选出最佳机遇，通常每个组员提出一个，来参加由20至40人组成的更大组的讨论。你会因此获得更多的机遇。我们建议你允许个人坚持他们热切支持但不管因何原因没有被小组采纳的机遇。所有的演示应该遵循2–1–0规则：每个机遇做一个2分钟的演示，单页幻灯片或者一张海报，不要任何问题或者讨论。一旦入围名单确定，小组根据第4章中讲到的方法（即挂图贴纸法）对最有前途的机遇进行投票。

与会者接着可以讨论最有潜力的机遇前进的下一个步骤。讨论可能触及如何根据3个视野将机遇归类，以及阻碍员工在日常工作中更多创新的个人障碍。

表 11—3 紧急刺激

1	什么是你希望在未来十年中看到的重大趋势？这些趋势将会导致对健康与保健怎样的需求？
2	周边地域或规管市场可以提供什么独特产品和服务？这些服务会不会进入主流市场？
3	哪些产品和服务高度分散，并可能从集中化的公司中持续受益？
4	什么高档产品或服务肯会被投入市场并直接传递给客户，比如通过沃尔玛超市或其他大型分销渠道？
5	什么是你的健康和保健方面的个人挫折的源头？这种挫折可以如何被更好地处理？

一个大型组织可能会选择收集由几个内部研讨会设想的机遇，并将它们结合在单独一个全公司范围内的竞赛中。跨越地理分布组织对大量机遇进行结合和评估的方式之一是使用 Darwinator 软件。

研讨会的一个关键优势在于，它是一个可以无需大量资源就实现的特定任务。研讨会也可以帮助参与者了解创新竞赛的权力。它创建了一种经历和一种语言，你的组织可以使用它解决创新成熟度的更高层次的组织挑战。一旦你完成了研讨会，你可以开始处理很多本书中确定的其他问题。

一个逐渐成熟的组织的下一步

一旦你运作了你的第一个创新竞赛，那么在机遇创造与选择中就有了一个基础的竞赛结构。你会发现自己想知道“这是管理这些竞赛的最佳方法吗？”要从第 2 级到第 3 级，我们建议你收集和分析关于你目前的创新过程的数据。以下是进行这项分析的一些步骤：

◎ 确定你的组织所使用的创新竞赛的阶段，并且计算在每个给定的时间段，比如一年中的每个阶段存在的机遇数量。
◎ 确定你的创新竞赛或竞赛的每个阶段过程中目前的机遇数量。基于这些资料，计算你的筛选率以及每个阶段的机遇成功率。
◎ 调查你的机遇来源。你的机遇的来源是什么？创造一项额外机遇的成本是多少？

带着这些信息，你可以得知是否会从拓宽漏斗开口中获益。如我们在前面章节中所讲，大多数组织并没有创造足够多的机遇。如果他们每年需要推出 5 个产品，并决定让他们机遇中的 10% 进入市场，那么他们就应创造 50 个机遇。但是如我们在第 9 章中所建议的，你如果找出 100 个机遇然后从中挑选 50 个，那么效果会更好。

根据你的数据，你可以重新探讨每章结尾处的大部分诊断问题。这一次，要准备回答更多的问题。

译者后记

INNOVATION TOURNAMENTS

创新往往被比喻成一次灵光乍现或者一串飞扬的火花，在创意涌动与略带幸运因素的灵感中跌宕浮现出一个又一个新的改变。这种灵感、想法的浮现在本书中被统称为“机遇”。

成功的机遇往往得到的不只是一句赞赏，或一次广泛的网络转贴围观，而是获得巨大的商业成功，为制造机遇的企业带来利润。尤其在信息看似过剩的网络时代，将冗余变为机遇，并非不可完成的任务。本书探讨的就是创新机遇与企业、市场的关系。作为美国宾夕法尼亚大学沃顿商学院的教授，两位作者从管理和决策的角度，以一种更加科学而有效的方式来看待机遇。

每一天的生活中出现的机遇数量比我们想象得更多、更频繁，对于习惯了脑力激荡的创意制造者来说，创新并不是水中捞月、梦笔生花。富有灵感的发明家在全世界数不胜数，但如何从一个企业的角度来运作，合理有效的生成、过滤、筛选、完善和整合机遇，推动企业取得最终的商业利润或者社会、文化利益，则是需要仔细地规划与设计出符合自己公司出发点、目的以及符合市场的科学、健全的方法。这就是所谓的“创新竞赛”。

本书正是“有所想”与“有所成”之间的知识桥梁。在翻译期间，译者也曾无数次检讨自己过往的“所想”与“所成”。过往的懵懂不知，竟造就了今日的恍然拾遗。很感谢两位教授的悉心点拨，我尝试将本书的翻译也视为一次机遇，突破惯有的翻译习惯，将偶尔迸发的灵感和共鸣详实地记录下来。这种阅读与思考的巧妙结合，使我在翻译结束后仍意犹未尽，获益匪浅。如若有幸，我很期待同各位读者分享我们共同的灵感激荡。

在此，特别感谢冯欧的引荐，许岚的指导，好友魏明、张轶、齐翀、曹吉萍、李欣和赵燃的文字与技术支持。漫长的翻译，始于栀子花开的季节，得见于柳絮纷飞的今天，由心生出温暖。感谢 Jay Michael Harden 的协助，令中西方在文化和创意上的冲突在书中未显突兀。

仅念挚友 Roy Edward Tellier。

本书译文如有不周之处，恳请读者多提宝贵意见。

一切为了您的阅读体验

我们出版的所有图书都将归于以下两个品牌

找“小红帽”

为了便于读者在浩如烟海的书架陈列中清楚地找到我们，我们在每本图书的书脊上部47mm处，全部用红色标记，称之为——小红帽。同时，“小红帽”上标注“湛庐文化”字样，小红帽下方标注所属图书品牌名称。湛庐文化主力打造两个品牌：**财富汇**，致力于为商界人士提供国内外优秀的经济管理类图书；**心视界**，旨在通过心理学大师、心灵导师的专业指导为读者提供改善生活和心境的通路。

找“湛庐文化”

我们所有出品的图书，在图书封底都有湛庐文化的标志和“湛庐文化”的字样。

用轻型纸

您现在正在阅读的这本书所使用的是轻型纸，有白度低、质感好、韧性好、油墨吸收度高等特点，价格比一般的纸更贵。

关注阅读体验

我们目前所使用的字体、字号和行距，是在经过大量调查研究的基础上确定的，符合读者阅读感受。每页设计的字数可以在阅读疲劳周期的低谷到来之前，使读者稍作停顿，减轻读者的阅读疲劳，舒适的阅读感觉油然而生。

所有的一切都为了给您更好的阅读体验，代表着我们“十年磨一剑”的专注精神。我们希望我们能够成为您事业与生活中的伙伴，帮助您成就事业，拥有更为美好的生活。

湛庐文化2008-2011年获奖书目

《牛奶可乐经济学》

国家图书馆"第四届文津奖"十本获奖图书之一，唯一获奖的商业类图书；

搜狐、《第一财经日报》"2008年十本最佳商业图书"。

用经济学的眼光看待生活和工作，体验作为"经济学家"的美妙之处。

《大而不倒》

英文版入围"《金融时报》·高盛2010年度最佳商业图书最终候选榜"，是美国《外交政策》杂志调查发现的全球思想家正在阅读的20本书之一，全球政要和首席执行官争相阅读。

"蓝狮子·新浪2010年度十大最佳商业图书"。

《智囊悦读》"2010年度十大最具价值经管图书"。

一部金融界的《2012》，一部丹·布朗式的鸿篇巨制。

《金融之王》

蓝狮子2011年度十大最佳商业图书，《第一财经日报》2011年度十大金融投资书籍。

权威透视国际金融界大佬在大萧条中的群像著作。

一部优美的人物传记，一部独特视角的经济金融史。

《富可敌国》

蓝狮子·《第一财经日报》2011年度最佳金融商业图书，《第一财经日报》2011年度十大金融投资书籍。

源自300个小时的真实访谈，一部权威的对冲基金史。

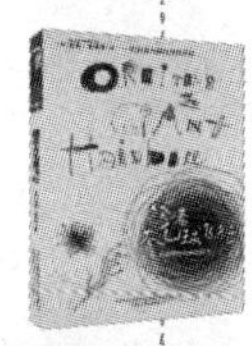

《绕着大毛球飞行》

蓝狮子·职场2011年度最佳职场图书。

畅销13年的职场创意手册，贺曼贺卡公司创意总监倾情之作。

《facebook效应》

英文版入围"《金融时报》·高盛2010年度最佳商业图书最终候选榜"。

"蓝狮子·新浪2010年度十大最佳商业图书"，《新智囊》2011年度最具价值的十大经管图书。

首度公开facebook非凡创业的26个细节，马克·扎克伯格及40多位facebook核心高管倾情讲述。

《稻盛和夫自传》

《稻盛和夫自传》"蓝狮子·新浪2010年度十大最佳商业图书"。

稻盛和夫亲笔撰写的唯一传记。

一代经营之圣的成长历程，一位商界智者的梦想之旅。

《真实的幸福》

《职场》"2010年度最具阅读价值的10本职场书籍"。

积极心理学之父马丁·塞利格曼扛鼎之作，哈佛最吸引人、最受欢迎的幸福课。

希腊三部曲：《追逐阳光之岛》、《桃金娘森林宝藏》、《众神的花园》

新闻出版总署"第六次（2009年）向全国青少年推荐百种优秀图书"之一。

"希腊三部曲"仿佛艾丽斯仙境与伊甸园，充满好闻的味道、缤纷的颜色、可口的食物、柔软的触感、奇怪有趣的人物和无尽的爱、学习与玩乐。

延伸阅读

《创新的9条命》

- ◎ 如何激发出你与生俱来的好奇心？
- ◎ 如何以你从来都不敢想象的方式解决问题？
- ◎ 如何在工作和生活中获得更大的成就感和满足感？
- ◎ 扫除创新思维障碍，碰撞9条创新之法！

《中国人为什么创新不起来》

- ◎ 中国为什么没有管理大师？
- ◎ 中国人为什么得不了诺贝尔奖？
- ◎ 中国企业的创新到底有没有未来？
- ◎ 深入剖析中国企业的创新难题与困境。

《IDEO，设计改变一切》

- ◎ 世界顶级创意公司IDEO总裁兼首席执行官蒂姆•布朗最新力作。
- ◎ 创新工场董事长兼首席执行官李开复隆重推荐。
- ◎ 设计思维不仅可以改变你我的生活，更可以变革组织、激发创新。

《无畏而赢》

- ◎ 唯一一本以局内人视角破解奥巴马竞选团队营销内幕的权威之作。
- ◎ 揭秘奥巴马竞选团队创造的史上最精彩最浩大最不可思议的营销之战。
- ◎ 《纽约时报》畅销书，犀利笔法酣畅淋漓，揭破内幕让人脊背发凉，大呼过瘾。

《引爆市场力》

- ◎ 实现爆炸性成长的公司是如何成功的？
- ◎ 企业高管能不能驱动企业成长将决定他们职业生涯的起落！

Innovation Tournaments: Creating and Selecting Exceptional Opportunities by Christian Terwiesch and Karl T. Ulrich.

Published by arrangement with Harvard Business Press.

图书在版编目（CIP）数据

下一个大机遇 /（美）特维施，（美）尤里奇著；伍慧琼，许岚译．—北京：中国人民大学出版社，2012

ISBN 978-7-300-15142-7

Ⅰ．①下…　Ⅱ．①特…　②尤…　③伍…　④许…　Ⅲ．①企业创新—研究 Ⅳ．①F270

中国版本图书馆 CIP 数据核字（2012）第 009253 号

下一个大机遇

[美] 克里斯蒂安·特维施　卡尔·尤里奇　著

伍慧琼　许岚　译

Xiayige Dajiyu

出版发行	中国人民大学出版社		
社　　址	北京中关村大街 31 号	**邮政编码**	100080
电　　话	010-62511242（总编室）		010-62511398（质管部）
	010-82501766（邮购部）		010-62514148（门市部）
	010-62515195（发行公司）		010-62515275（盗版举报）
网　　址	http:// www. crup. com. cn		
	http:// www. ttrnet. com（人大教研网）		
经　　销	新华书店		
印　　刷	北京中印联印务有限公司		
规　　格	170 mm×230 mm　16 开本	**版　　次**	2012 年 4 月第 1 版
印　　张	15.75 插页 2	**印　　次**	2012 年 5 月第 3 次印刷
字　　数	164 000	**定　　价**	45.00 元

湛（zhàn）**庐**（lú）

铸剑大师欧冶子『十年磨一剑』，炼就了『天下第一剑』湛庐剑。

——《吴越春秋》记载